30 x 45 MINUTEN

Andreas Rausch,
Heiko Ries

Sport

Fertige Stundenbilder für Highlights zwischendurch

Klasse 5–7

Verlag an der Ruhr

Impressum

Titel
30x45 Minuten Sport
Fertige Stundenbilder für Highlights zwischendurch. Klasse 5–7

Autoren
Andreas Rausch, Heiko Ries

Illustrationen
Norbert Höveler

Titelbildmotiv und Kapiteldeckblätter
© rbkelle – Fotolia.com

Icons Lehrerseiten (Pylon und Glühbirne)
© Verlag an der Ruhr

Druck
AZ Druck und Datentechnik GmbH, Kempten, DE

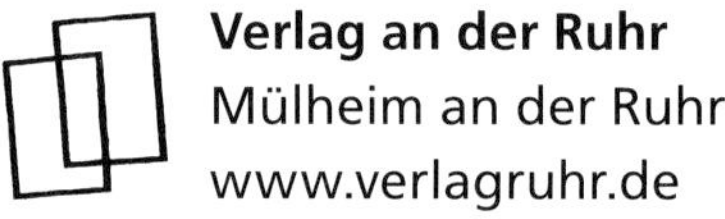

Verlag an der Ruhr
Mülheim an der Ruhr
www.verlagruhr.de

Geeignet für die Klassen 5–7

ISBN 978-3-8346-3933-2

Inhalt

Vorwort

Liebe Kollegen*

Sie halten einen Band der Reihe **„30x45 Minuten"** für das Fach Sport in Händen. In diesem Band finden Sie Unterrichtseinheiten, die für jeweils einzelne Schulstunden Sport konzipiert wurden. Zwar wird Sport vornehmlich in Doppelstunden unterrichtet, jedoch finden an vielen Schulen insgesamt drei Stunden Sport pro Woche statt. Dabei müssen jeweils auch die „undankbaren" Einzelstunden geplant und vorbereitet werden. Aus Zeitmangel „verfallen" diese häufig zu reinen Spielstunden. Damit Sie in solchen Sportstunden nicht ausschließlich auf Völker-, Zombie- oder Fußball zurückgreifen müssen, stellen wir Ihnen in diesem Buch **30 fertig ausgearbeitete abwechslungsreiche Unterrichtseinheiten** für Sport-Einzelstunden vor.

Alle hier vorgeschlagenen Einheiten wurden in der Praxis in den Klassen 5–7 mehrfach erprobt. Bei der konkreten Umsetzung der Ideen hilft Ihnen die sich pro Einheit wiederholende **Struktur der Unterrichtsvorschläge:** Jeder Stundenentwurf beginnt mit einer **kurzen inhaltlichen Zusammenfassung** sowie einem **Überblick über die Ziele**, das **benötigte Material und den Hinweisen zur Vorbereitung**. Im Anschluss finden Sie eine **genaue Beschreibung des Stundenverlaufs**.

In einigen Stundenentwürfen stellen wir Ihnen darüber hinaus **Variationen und Alternativen** der vorgeschlagenen Inhalte vor. Weiterhin sind in manchen Stunden **Klassengespräche** nötig, um **das Erlebte zu reflektieren**. Für die konkrete Durchführung der Reflexionsphasen finden Sie daher **Impulsvorschläge**.
Jeder Stundenentwurf beinhaltet weiterhin einen **Tippkasten**, in dem **weitere Ideen** vorgestellt werden oder Sie Hinweise **zum Verlauf** o. Ä. vorfinden.

Insgesamt haben wir uns bemüht, die Stunden so zu konzipieren, dass Sie mit Materialien auskommen, die in allen Sporthallen vorhanden sind und der Platzbedarf den einer Einfachturnhalle nicht überschreitet.
Wir sind in der Planung der Stunden von einer reinen **Bewegungszeit von 35 Minuten** ausgegangen. Die örtlichen Voraussetzungen an unseren Schulen lassen dies in der Regel zu. Wir wissen jedoch, dass die zur Verfügung stehende Netto-Bewegungszeit selbstverständlich variieren kann (bedingt durch längere Wege, längere Umkleidezeiten der Schüler u. Ä.). In solchen Fällen müssen Sie **die Stundenplanung** entsprechend **an die vorherrschenden Bedingungen anpassen** und einzelne Phasen verkürzen oder ggf. auch ganz streichen (z. B. auf ein Abschlussspiel verzichten). Ebenfalls sollten Sie den zeitlichen Ablauf anpassen, wenn vorgestellte Spiele/Übungen den Schülern nicht bekannt sind und damit zusätzliche Erklärungszeit benötigt wird.

Die einzelnen Stundenbilder verstehen sich trotz des festen Rahmens **nicht als starres Schema, sondern stellen Vorschläge dar**. Sie können selbstverständlich einzelne Phasen herauslösen, durch andere, eigene Ideen ersetzen oder sie anders kombinieren.
Ziel soll es sein, einen ansprechenden und motivierenden Sportunterricht anzuleiten. Dazu soll Ihnen dieses Buch eine Hilfe sein.

Wir wünschen Ihnen viel Freude und Erfolg bei der Umsetzung der Ideen!

Andreas Rausch und Heiko Ries

* Aus Gründen der besseren Lesbarkeit haben wir in diesem Buch durchgehend die männliche Form verwendet.
Natürlich sind damit auch immer Frauen und Mädchen gemeint, also Lehrerinnen, Schülerinnen etc.

Körperwahrnehmung und Bewegungsfähigkeit

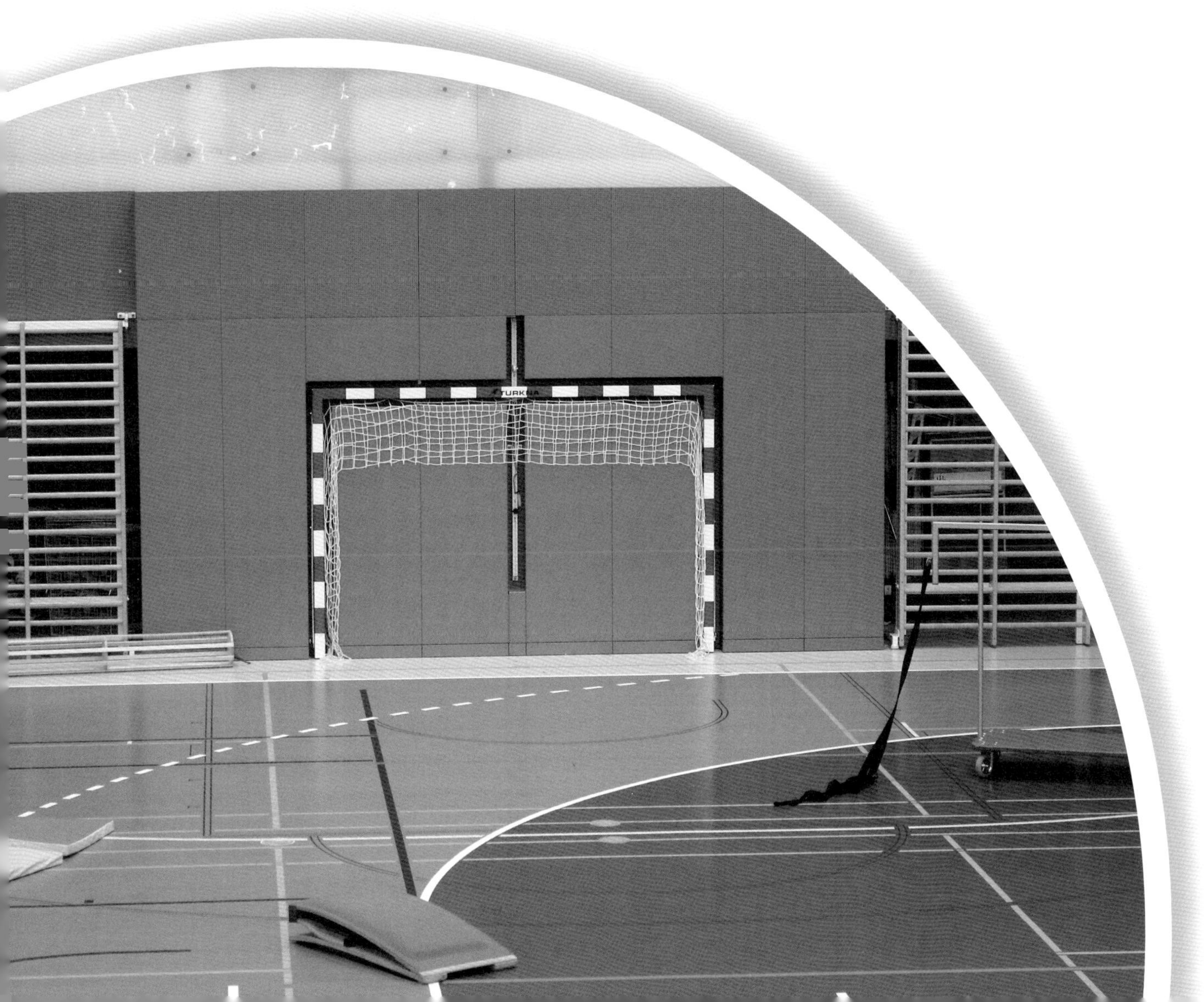

Stretching – Wo zieht's denn?

Darum geht's

Die intensive Körperwahrnehmung steht in dieser Stunde im Vordergrund. Die Schüler führen verschiedene Stretching-Übungen durch und spüren dabei bewusst ihre Muskeln. Nach jeder Übung markieren sie auf einem Arbeitsblatt den Bereich, den sie beim Dehnen gespürt haben, und visualisieren so ihre Wahrnehmung.

Zielkompetenzen

Die Schüler können …

- allgemeine Aufwärmprinzipien (Dehnen) allein und in der Gruppe anwenden.
- sich funktional aufwärmen und dabei die Intensität des Prozesses wahrnehmen.

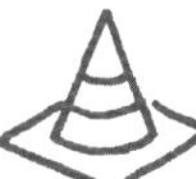

Material	*Anzahl*
Markierungshütchen/ Pylone	4 oder 8
Arbeitsblatt „Stretching – Wo zieht's denn?"	Klassensatz
Stifte	Klassensatz

Vorbereitung

Kopieren Sie das Arbeitsblatt „Stretching – Wo zieht's denn?" (→ S. 8–10) für jeden Schüler einmal. Halten Sie für jeden Schüler einen Schreibstift bereit oder teilen Sie Ihren Schülern vor dem Umziehen mit, dass sie einen Stift benötigen werden.

Stundenverlauf

Aufwärmspiel: „Who's next?"

ca. 7 Minuten

Stecken Sie mit Hütchen ein kleines Feld ab (ca. 10 x 10 m, siehe Skizze S. 7). Ist die Klasse sehr groß, können Sie alternativ auch zwei Felder abstecken. Alle Schüler befinden sich zu Beginn des Spiels in dem Feld. Rufen Sie dann den Namen eines Schülers. Dieser Schüler wird zum Fänger und versucht sofort, die anderen im Feld befindlichen Mitspieler zu fangen. Wer gefangen worden ist, muss so schnell wie möglich das Feld von außen umrunden und darf anschließend wieder mitspielen. Rufen Sie in kurzen Abständen immer wieder einen anderen Schüler auf, der dann ebenfalls zum Fänger wird. Bei zwei Feldern können inaktive Schüler die Rolle des Namenrufers übernehmen. Durch die kurzen Abstände beim Aufrufen und die Enge des Spielraumes ergibt sich eine intensive Spieldynamik. Es entstehen Situationen, in denen ein Schüler zunächst einen anderen zu fangen versucht und sich dann plötzlich ein Rollentausch ergibt.

Variation

Anstatt die Schüler das Feld laufend umrunden zu lassen, können Sie auch andere Aufgaben vorgeben:

- Strecksprünge
- Kniebeugen
- Liegestützen oder andere gymnastische Übungen

Arbeitsphase

ca.15 Minuten

Nun brauchen alle Schüler ihren Schreibstift und das Arbeitsblatt „Stretching – Wo zieht's denn?" (→ S. 8–10). Lassen Sie die Schüler einen großen Stehkreis bilden, in dem sie die folgenden Dehnübungen gemeinsam durchführen werden. Der Abstand der Schüler zueinander beträgt im Kreis mindestens zwei Armlängen. Demonstrieren und erklären Sie die erste Dehnübung. Alle Schüler machen diese nach. Anschließend markieren die Schüler auf dem Arbeitsblatt den Bereich, den sie bei der Dehnübung gespürt haben. Danach folgt die nächste Übung. In der Wahl der Dehnübung sind Sie frei. Es empfiehlt sich aber, Übungen auszuwählen, die leicht durchzuführen sind und größere Muskelgruppen ansprechen. Sie können z. B. eine Dehnübung für den Wadenmuskel, die Adduktoren, die Oberschenkelvorder- und -rückseite sowie eine Übung für die seitliche Rumpfmuskulatur vorgeben.

Reflexionsphase

ca. 5 Minuten

Jeder Schüler sucht sich für die Reflexionsphase einen Partner. Geben Sie den Paaren folgenden Auftrag: *„Tauscht euch mit eurem Partner über eure Ergebnisse aus. Berichtet euch gegenseitig, wo es bei den einzelnen Übungen gezogen hat."*

Die Beobachtungen können Sie dann in einer Gesamtreflexion mit der ganzen Klasse zusammenfassen. Als Reflexionsfragen bieten sich folgende Impulse an:

- *„Wo genau habt ihr bei den Übungen etwas gespürt?"*
- *„Beschreibt mal, wie sich die einzelnen Dehnübungen angefühlt haben."*

Tipps

Wählen Sie Dehnübungen aus, die im Stehen auszuführen sind, so sparen Sie sich den Mattentransport.

Beobachten Sie die Schüler bei den Übungen und geben Sie gegebenenfalls Korrekturhilfen.

Abschlussspiel: Peter Pan

ca. 8 Minuten

Bestimmen Sie zwei bis drei Fänger, welche die Aufgabe erhalten, die übrigen Schüler zu fangen. Wer gefangen worden ist, setzt sich auf den Boden. Zusätzlich gibt es im Spiel noch einen „Peter Pan". Dieser Schüler darf als einziger die gefangenen Schüler wieder befreien, indem er sie kurz antippt, sodass sie wieder aufstehen können. Vor Spielbeginn müssen die Fänger für einen Moment die Halle verlassen oder sich mit dem Gesicht zur Wand drehen, damit die Klasse einen „Peter Pan" bestimmen kann. Wird „Peter Pan" von den Fängern gefangen, dann ist das Spiel zu Ende. „Peter Pan" sollte sich daher unauffällig verhalten. Lassen Sie die Schüler mehrere Runden mit wechselnden Rollen spielen. Wird „Peter Pan" häufig schnell gefangen, können auch zwei Schüler die Rolle spielen.

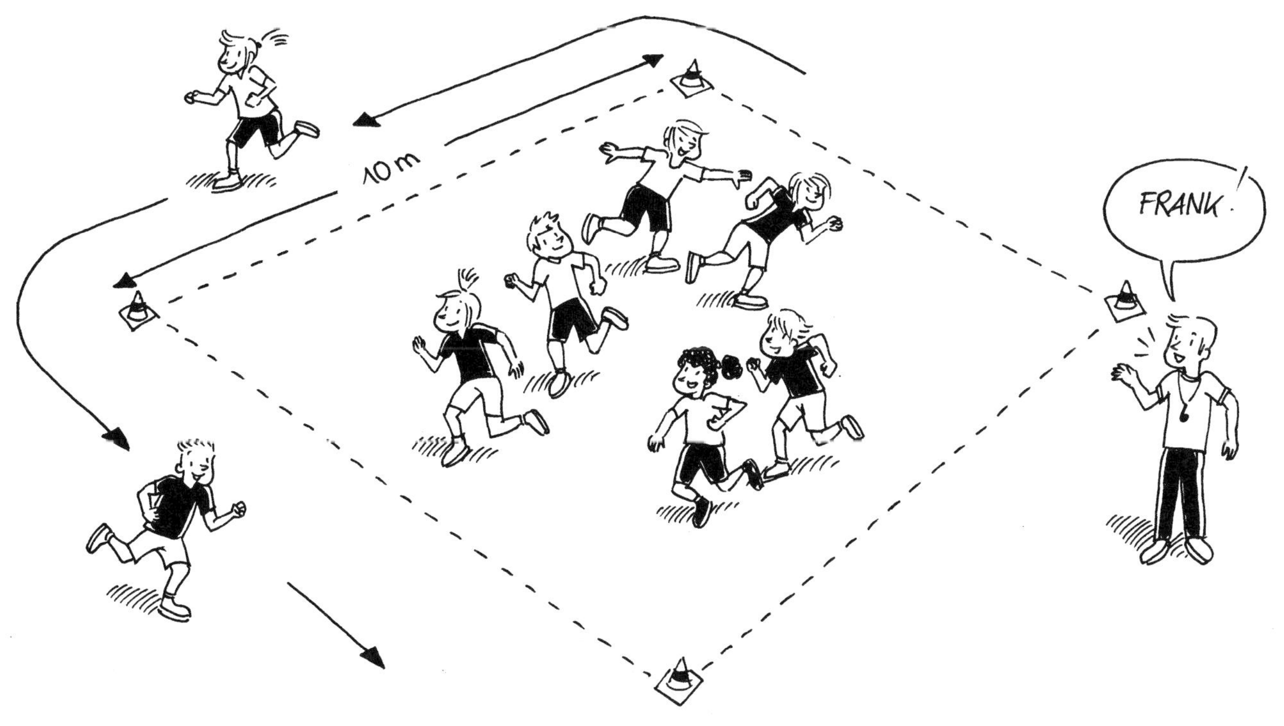

Stretching – Wo zieht's denn? (1/3)

Aufgaben

- **Führe die demonstrierten Dehnübungen je 20 Sekunden lang aus.**
- **Mache dir bewusst, wo du eine Dehnung oder ein Ziehen spürst.**
- **Markiere anschließend in der Zeichnung den Bereich, in dem du eine Dehnung/ein Ziehen gespürt hast.**

Übung 1 ....

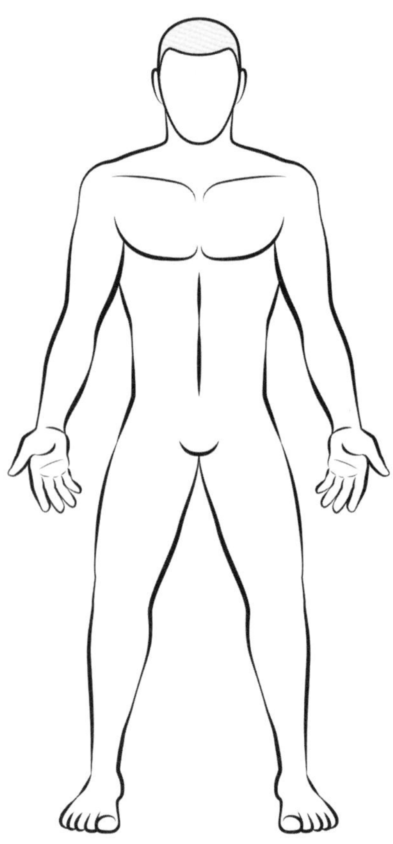

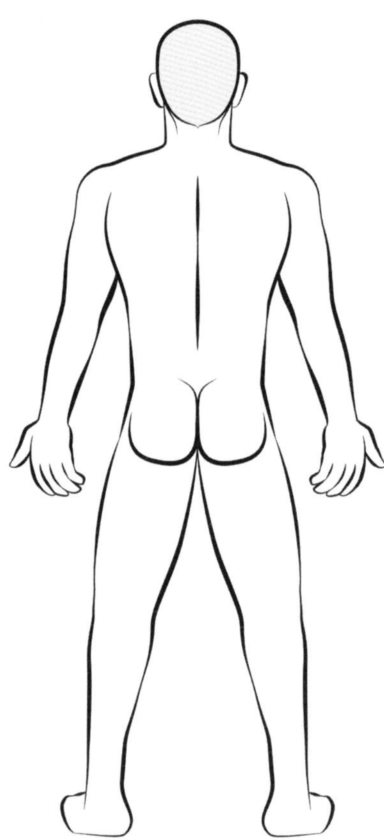

Stretching – Wo zieht's denn? (2/3)

Übung 2 ....

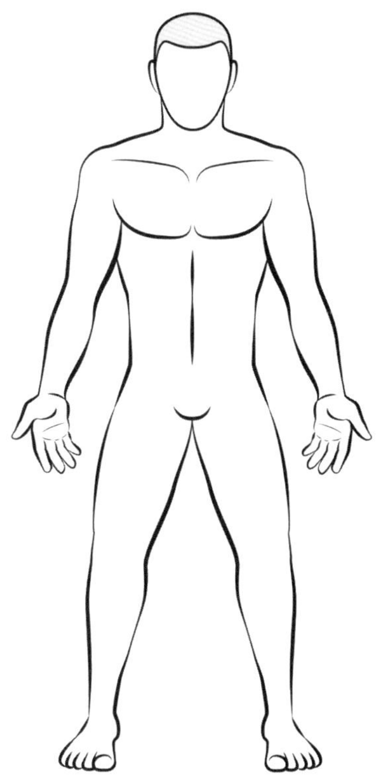

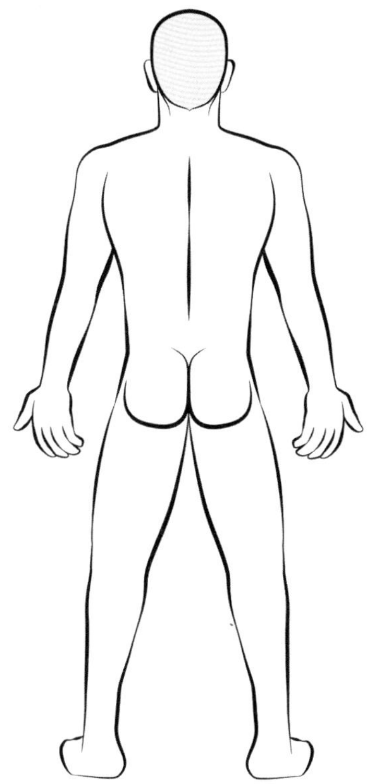

Übung 3 ....

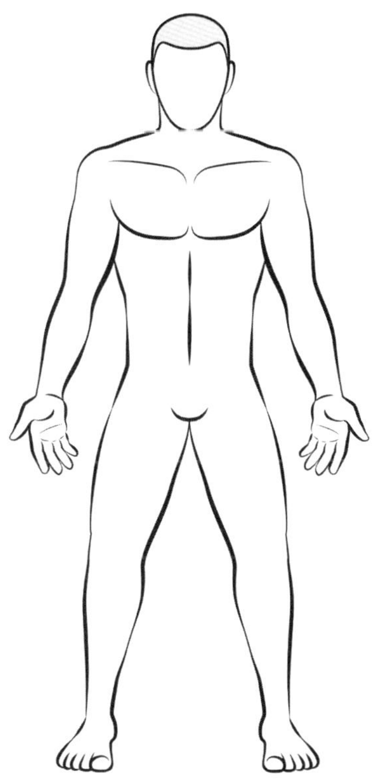

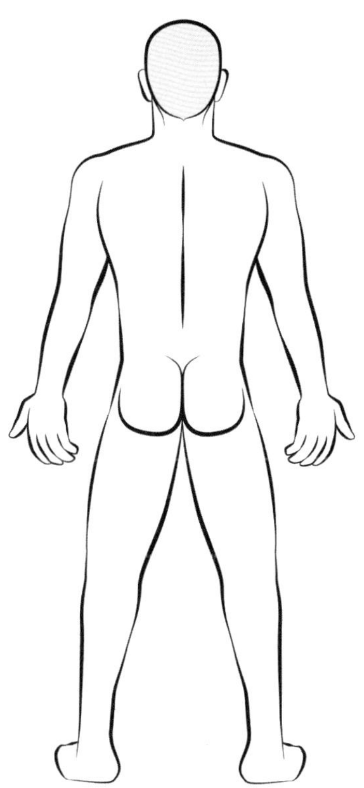

© Peter Hermes Furian – Fotolia.com

Stretching – Wo zieht's denn? (3/3)

Übung 4 ....

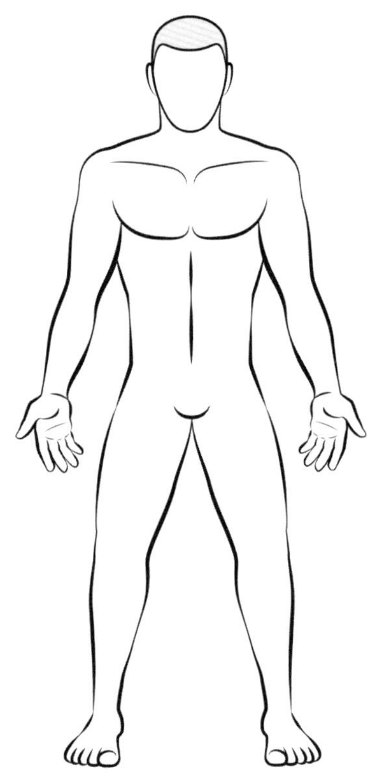

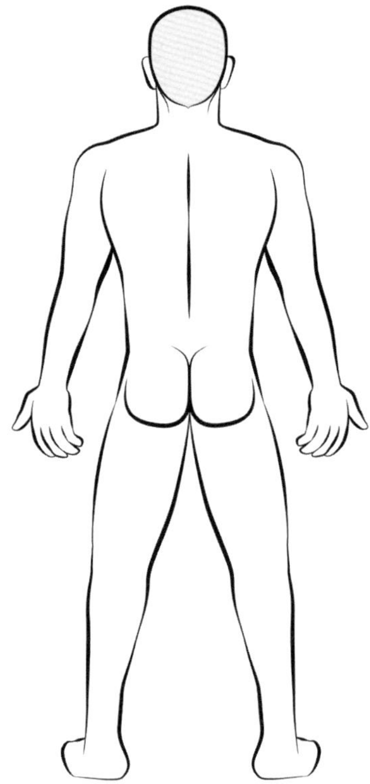

Übung 5 ....

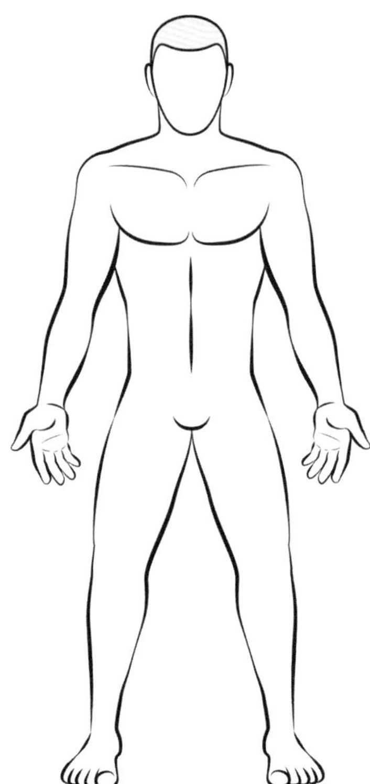

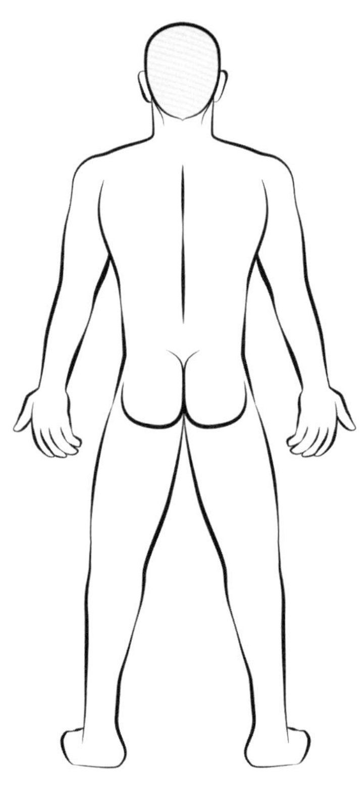

Alle laufen durcheinander – ein Beitrag zur Verkehrserziehung

Darum geht's

Mit dieser Stunde können Sie einen Beitrag zur Verkehrserziehung leisten. Die Schüler müssen in einem engen Laufparcours immer wieder vermeiden, mit anderen Schülern zusammenzustoßen. Dabei wird jeder Schüler seine eigene Methode entwickeln, um Zusammenstöße zu umgehen. In einer kurzen Reflexion können Sie auf diesen Punkt eingehen und die Parallelen zum Straßenverkehr aufzeigen.

Zielkompetenzen

Die Schüler können …

- ausgewählte Merkmale von Bewegungsqualität (in dem Beispiel: Bewegungsrhythmus, -tempo, Raumorientierung) anwenden und variieren.
- Gemeinsamkeiten zum Verhalten im Straßenverkehr erkennen und benennen.

Material	*Anzahl*
Hütchen	6
Softbälle	$^1/_3$ der Klassengröße

Vorbereitung

Halten Sie die benötigten Materialien/Geräte bereit.

Stundenverlauf

Bewegungsphase

ca. 10 Minuten

Platzieren Sie auf den Außenlinien des Volleyballfeldes sechs Hütchen (siehe Skizze S. 12) und lassen Sie die Schüler in gleich großen Gruppen hinter den sechs Hütchen Aufstellung nehmen. Auf ein Startzeichen hin laufen alle Schüler gleichzeitig hintereinander zu ihrem jeweils gegenüberliegenden Hütchen. Die Schüler umrunden das jeweilige Hütchen und laufen wieder zu ihrem Ausgangshütchen zurück, umrunden auch dieses und laufen wieder zum gegenüberliegenden Hütchen usw. Teilen Sie Ihren Schülern mit, dass sie ihre Geschwindigkeit so wählen sollten, dass sie ca. 10 Minuten lang ohne Unterbrechungen durchlaufen können. Die Läufer dürfen sich gegenseitig überholen. An den Laufwegüberschneidungen wird es immer ein mehr oder weniger geordnetes Chaos geben.

Variation

Anstelle des Laufens können Sie auch andere Bewegungen/Laufvariationen vorgeben, z. B.:

- während des Laufens verschiedene Aufgaben aus dem „Lauf-ABC" ansagen: Anfersen, Skippings, Kniehebelauf, Seitsprünge, Rückwärtslaufen, Hopserlauf etc.
- an jeden dritten Schüler einen Softball ausgeben: Immer wenn die Schüler mit Ball einem anderen ohne Ball begegnen, wird der Ball übergeben.
- die Laufwege variieren lassen, indem Sie die Hütchen ein wenig nach links bzw. rechts verschieben. Dies können Sie durchaus auch während der Übung machen.

Reflexionsphase

ca. 8 Minuten

Die Klasse kommt im Sitzkreis zusammen. Leiten Sie die Reflexionsrunde mit folgenden Worten an:

- *„Die Laufübung ist nicht ganz so reibungslos abgelaufen. Beschreibt mal, welche Schwierigkeiten es bei dieser Übung gab!"* (erwartete Schülerantwort: *„Wir sind ein paar Mal [fast] zusammengestoßen."*)
- *„Jeder von euch hat es auf unterschiedliche Art und Weise vermieden, mit jemand anderem zusammenzustoßen. Berichtet von euren Strategien."*
- *„Überlegt mal, was diese Übung mit dem Straßenverkehr gemeinsam hat!"*

Die Antworten der Schüler zum Thema Straßenverkehr können Sie unter folgenden vier Aspekten zusammenfassen:

1. **Antizipieren von Geschwindigkeiten:**
   „Schaffe ich es noch über die Straße oder lasse ich das Auto erst vorbeifahren?"
2. **Peripheres Sehen:**
   „Nehme ich in einer komplexen (Verkehrs-) Situation alles wahr?"
3. **Verkehrsregeln:**
   „Wer darf zuerst vorbeigehen/-fahren, wenn sich die Wege der Verkehrsteilnehmer kreuzen?"
4. **Rücksicht:**
   „Bevor ein Zusammenstoß passiert, nehme ich Augenkontakt auf und kommuniziere mit meinem (Verkehrs-)Partner."

Abschlussspiel: Scolulu

ca. 17 Minuten

Scolulu ist eine Mischung aus den Spielen Chinesische Mauer und Jägerball.
Die Schüler stellen sich entlang der Grundlinie des Volleyballfeldes auf. Auf Ihr Kommando hin müssen die Schüler durch das Volleyballfeld hindurch zur anderen Hallenseite laufen. Sie (oder inaktive Schüler) stehen dagegen hinter den Seitenlinien des Volleyballfeldes und versuchen, mit Softbällen die laufenden Schüler abzuwerfen. Ein Schüler darf dabei nur abgeworfen werden, wenn er sich im Volleyballfeld befindet. Solange er noch vor der Grundlinie und somit außerhalb des Volleyballfeldes ist, gelten mögliche Treffer nicht. Wird ein Schüler getroffen, stellt er sich ebenfalls hinter einer der Seitenlinien auf und wird zum Werfer. Wenn alle (nicht abgeworfenen) Schüler auf der gegenüberliegenden Seite angekommen sind, ist die erste Runde beendet. Sie geben ein neues Startkommando, auf das hin erneut alle verbliebenen Schüler versuchen, auf die gegenüberliegende Seite zu gelangen, ohne getroffen zu werden. Derjenige Schüler, der nach einigen Runden als letzter übrig bleibt, hat das Spiel gewonnen.

Tipps

Warten Sie vor jeder neuen Runde, bis jeder der Werfer einen Ball hat.

Einigen Sie sich vor Spielbeginn mit den Schülern auf die erlaubten Trefferflächen am Körper. Körperstellen mit eventuellen Verletzungen oder Stellen, an denen den Schülern Treffer unangenehm sind, werden selbstverständlich ausgespart.

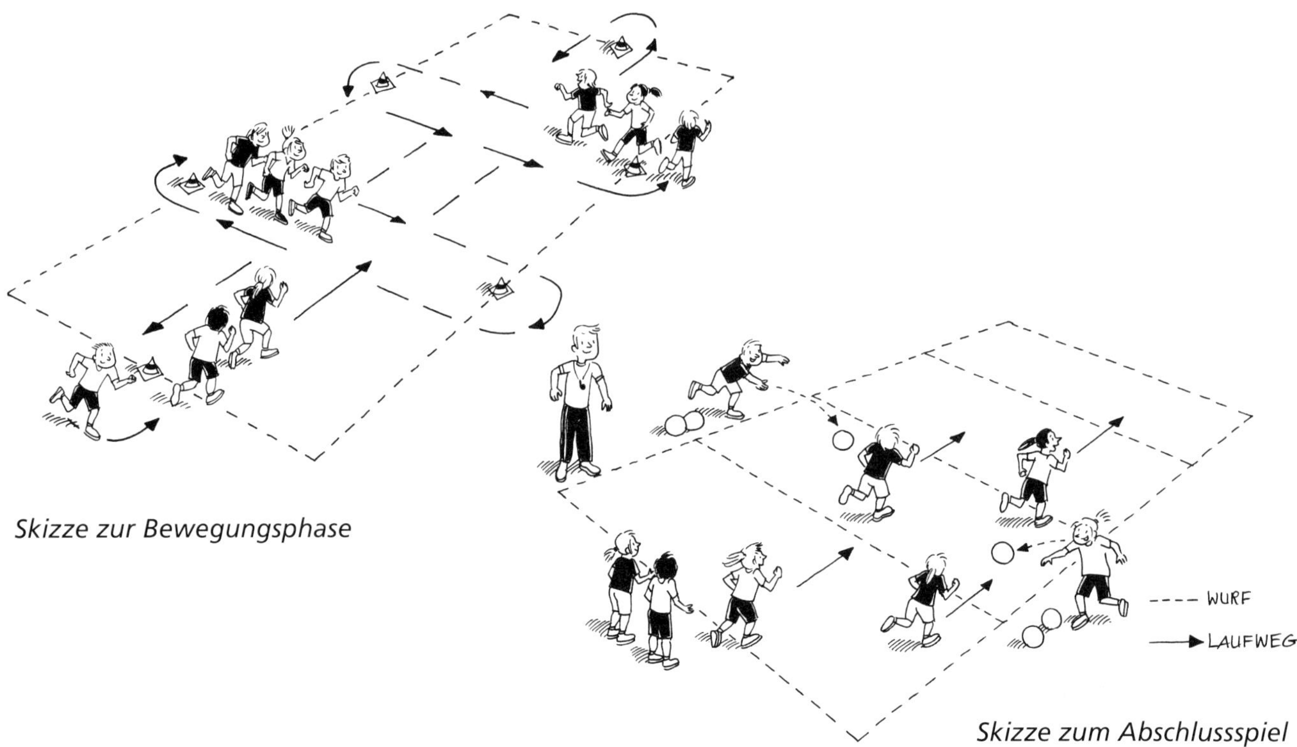

Skizze zur Bewegungsphase

Skizze zum Abschlussspiel

Ein Stockwerk tiefer – Wer traut sich?

Darum geht's

Diese Stunde dient dazu, den Zusammenhalt und die soziale Kompetenz einer Klasse zu verbessern. Die Schüler lassen sich von einem Turnkasten auf eine Matte, die von Mitschülern gehalten wird, fallen. Dabei überwinden sie Ängste und bauen Vertrauen in die Klasse auf – und lernen, verantwortungsvoll mit den Mitschülern umzugehen.

Zielkompetenzen

Die Schüler können ...

- in der Gemeinschaft verantwortungsvoll als Gruppe agieren.
- sich trauen, eine Wagnissituation auszuprobieren oder auch bewusst Nein zu sagen.

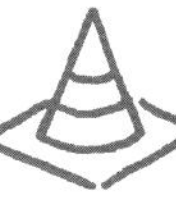

Material	Anzahl
Weichbodenmatte	1
großer Turnkasten (drei- oder vierteilig)	1

Vorbereitung

Halten Sie die benötigten Materialien/Geräte bereit.

Stundenverlauf

Aufbauphase

ca. 3 Minuten

Stellen Sie den Kasten in der Mitte der Turnhalle auf und legen Sie die Weichbodenmatte davor auf den Boden. Die Schüler versammeln sich im Kreis um den Aufbau.

Erklärungs- und Übungsphase

ca. 7 Minuten

Erklären Sie den Schülern, worum es bei „ein Stockwerk tiefer" geht. Machen Sie der Klasse deutlich, dass das Vorhaben nur gelingen kann, wenn sich alle konzentrieren und verantwortungsvoll miteinander umgehen. Die Übung sieht vor, dass sich ein Schüler vom Kasten auf die Weichbodenmatte fallen lässt, die von allen Mitschülern gehalten wird (siehe Skizze S. 14). Die Weichbodenmatte wird in dem Moment, in dem der Schüler auftrifft, von allen losgelassen und fällt wiederum „ein Stockwerk tiefer".
Üben Sie zunächst das gleichzeitige Loslassen der Weichbodenmatte mit der Klasse ein. Die Schüler halten dabei die Matte hüfthoch und lassen sie dann auf ein Signal hin alle gleichzeitig los. Erst wenn dies gut klappt, kann die Übung durchgeführt werden.

Erprobungsphase

ca. 10 Minuten

Nun dürfen sich alle Schüler, die sich trauen, nacheinander vom Kasten auf die Matte fallen lassen. Dabei entscheidet jeder selbst, ob er sich vorwärts oder rückwärts fallen lässt. Geben Sie den Schülern den Hinweis, dass sie sich mit möglichst viel Körperspannung auf die Matte fallen lassen und nicht im Hüftgelenk einknicken. Beim Vorwärtsfallen ist es wichtig, dass die Schüler den Kopf zur Seite drehen, um sich nicht im Gesicht zu verletzen.

Reflexionsphase I

ca. 5 Minuten

Die Schüler, die sich (noch) nicht getraut haben, sich auf die Matte fallen zu lassen, werden gefragt, ob ggf. Änderungen vorgenommen werden sollen. (Viele Schüler trauen sich z. B. mit einem bestimmten Mitschüler zusammen oder wenn der Turnkasten etwas niedriger ist). Sollten sich einige Schüler gar nicht trauen, sich auf die Matte fallen zu lassen, wird mit der Klasse thematisiert, warum auch diese Entscheidung in Ordnung ist.

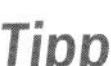

Tipp
Es ist ein Vertrauensbeweis gegenüber der Klasse und der Höhepunkt der Stunde, wenn Sie sich ebenfalls trauen und sich auf die Matte fallen lassen!

Erprobungsphase II

ca. 5 Minuten
Je nach Ergebnis der Reflexionsphase und zur Verfügung stehender Zeit können sich die Schüler in einem zweiten Durchgang auch zu zweit fallen lassen. (Achtung, Verletzungsgefahr: Beim Fallen dürfen sich die Schüler nicht umarmen o. Ä.!)

Reflexionsphase II

ca. 5 Minuten
In der Abschlussreflexion können Sie den Schülern folgende Impulse geben:

- *„Worauf kam es heute an?"*
- *„Warum fällt es manchen leicht/schwer, sich fallen zu lassen?"*
- *„Was war wichtig beim Mattehalten?"*
- *„Hat die Klasse die Aufgabe gut gemeistert?"*

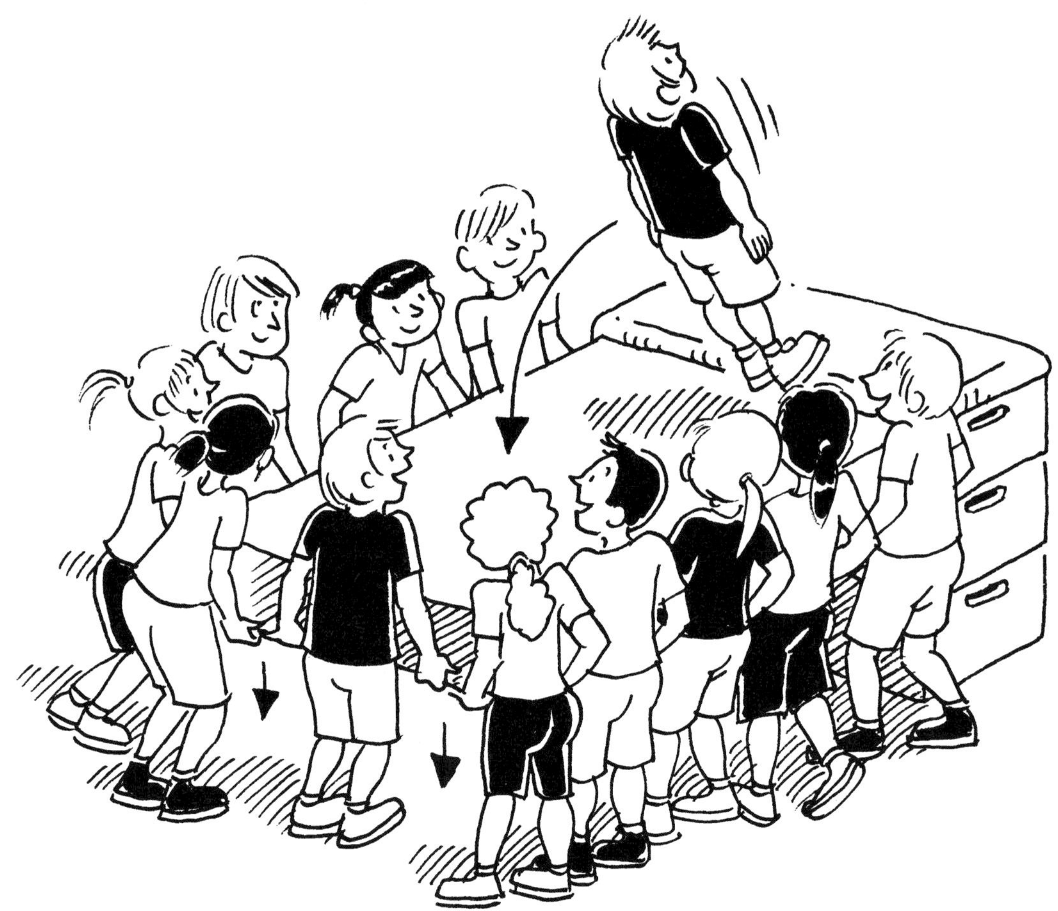

Laufen, lesen und verstehen – ein Beitrag zum sprachsensiblen Sportunterricht

Darum geht's

Jedes Fach kann einen Beitrag zur Sprachförderung leisten. Das erscheint im Sportunterricht jedoch zunächst schwierig. Diese Stunde soll zeigen, dass es möglich ist und auch im Sportunterricht gezielte Sprachförderung stattfinden kann.

Zielkompetenzen

Die Schüler können ...

- ihre Leistungsfähigkeit (z. B. Anstrengungsbereitschaft, Koordination, Schnelligkeit, Ausdauer) gemäß den individuellen Leistungsvoraussetzungen in ausgewählten sportbezogenen Anforderungssituationen zeigen.
- einfache Bewegungsspiele fair und teamorientiert miteinander spielen.
- typische Begriffe aus der Fachsprache des Sportunterrichts erkennen und verstehen.

Material	*Anzahl*
Kopiervorlage „Bildkarten: Orientieren, Suchen, Finden (Runde 1–3)"	1
Kopiervorlage „Bildkarten: Quartett (Runde 1–4)"	Anzahl abhängig von Klassenstärke – jede Bildkarte sollte unter den Schülern gleich häufig vorkommen
Kopiervorlage „Anatomie-Staffel"	4
Kreppband	4 Rollen

Vorbereitung

Kopieren Sie die Bildkarten „Orientieren, Suchen, Finden" (→ S. 17–19), ggf. entsprechend vergrößert, einmal, zerschneiden und laminieren Sie diese eventuell, damit sie häufiger benutzt werden können. Bei den ersten vier Bildkarten (Runde 1) müssen Sie auf den Kopien die dargestellten Linien entsprechend farbig nachzeichnen. Kopieren Sie die „Bildkarten: Quartett (Runde 1–4)" (→ S. 20–23) ebenfalls und schneiden diese aus. Fertigen Sie so viele Kopien an, dass pro Runde etwa gleich viele Schüler eine der Bildkarten erhalten. Kopieren Sie die Kopiervorlage „Anatomie-Staffel" (→ S. 24–26) insgesamt 4-mal und zerschneiden Sie sie in einzelne Kärtchen.

Stundenverlauf

Bewegungsphase

Führen Sie mit den Schülern die folgenden Spiele nacheinander durch.

1. Orientieren, suchen und finden

ca. 10 Minuten

Die Schüler sitzen im Mittelkreis zusammen. Nennen Sie die vier Dinge, die auf den ersten Bildkarten „Orientieren, Suchen Finden (Runde 1)" (→ S. 17) abgebildet sind, halten Sie die Abbildungen nacheinander kurz hoch und legen Sie sie in den Mittelkreis. Anschließend erfolgt Ihr Startkommando. Nun müssen alle Schüler so schnell wie möglich aufstehen, in der Halle all diese Dinge schnellstmöglich finden, berühren und so schnell wie möglich wieder in den Sitzkreis zurückkommen. Es gewinnt der Schüler, der am schnellsten ist. Natürlich wird dieser von Ihnen entsprechend gewürdigt. Spielen Sie mehrere Runden und nutzen Sie dazu die anderen Bildkarten „Orientieren, Suchen, Finden (Runde 2–3)" (→ S. 18–19) .

Runde 1: *„Berühre eine schwarze Linie, eine blaue Linie, eine rote Linie und eine grüne Linie."*

Runde 2: *„Berühre eine Bank, eine Matte und einen Tor(pfosten) sowie die Hallentür."*

Runde 3: *„Berühre das Geräteraumtor, einen Mitschüler, die Sprossenwand und die Seile."*

2. Quartett

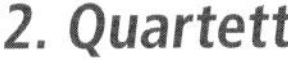

ca. 10 Minuten

Verteilen Sie die Bildkarten „Quartett (Runde 1)" (→ S. 20) an die Schüler. Pro Runde sollten von jeder Bildkarte gleich viele unter den Schülern verteilt sein. Die Schüler führen die dargestellten Übungen aus. Die Aufgabe der Schüler besteht darin, alle weiteren Schüler zu finden, die die gleiche Bewegung ausführen und somit zur gleichen Gruppe gehören. So entstehen am Ende vier etwa gleich starke Gruppen. Gewonnen hat die Gruppe, die sich am schnellsten gefunden hat und ihre Übung gemeinsam darstellt. Würdigen Sie das Siegerteam. Sammeln Sie die Karten ein und verteilen Sie die Karten der neuen Runde. Hierbei dürfen Ihnen die inaktiven Schüler helfen.

Runde 1: Die Bildkarten „Rennen", „Gehen", „Joggen (Traben)" und „Schleichen" kommen zum Einsatz.

Runde 2: Die Bildkarten „Seitliches Überkreuzen", „Anfersen", „Kniehebelauf" und „Rückwärtslaufen" kommen zum Einsatz.

Runde 3: Es werden die Bildkarten mit den Motiven zum Laufen auf den Zehenspitzen, dem Laufen auf der Außenkante des Fußes, auf der Ferse und auf dem ganzen Fuß benötigt.

Runde 4: Die Bildkarten mit den Motiven „Armkreisen links vorwärts", „Armkreisen rechts vorwärts", „Armkreisen links rückwärts" und „Armkreisen rechts rückwärts" werden benötigt.

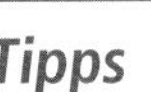

Tipps

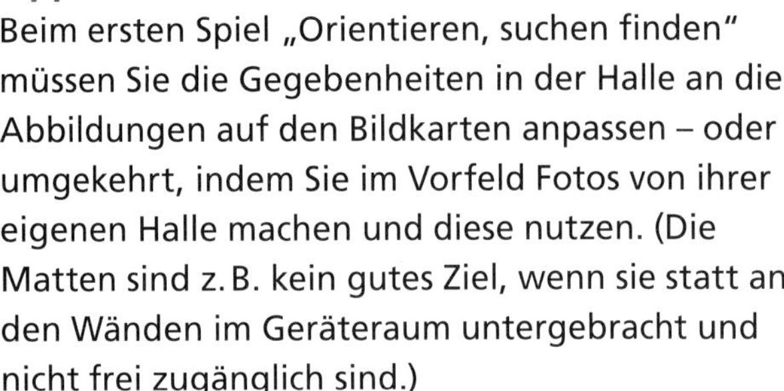

Beim ersten Spiel „Orientieren, suchen finden" müssen Sie die Gegebenheiten in der Halle an die Abbildungen auf den Bildkarten anpassen – oder umgekehrt, indem Sie im Vorfeld Fotos von ihrer eigenen Halle machen und diese nutzen. (Die Matten sind z. B. kein gutes Ziel, wenn sie statt an den Wänden im Geräteraum untergebracht und nicht frei zugänglich sind.)

Bei der Anatomie-Staffel dürfen die inaktiven Schüler gerne die „Klebefiguren" darstellen.

3. Anatomie-Staffel

ca. 15 Minuten

Die vier Gruppen aus der letzten Quartettrunde bilden die Teams für die kommende Anatomie-Staffel. Die Gruppen stellen sich nebeneinander vor der Volleyballgrundlinie auf. Geben Sie jeder Gruppe eine Kreppbandrolle und ihre Karten für die Anatomie-Staffel. Jedes Team sucht sich einen Spieler aus, der sich auf der anderen Seite der Halle hinter die Volleyballgrundlinie stellt. Die übrigen Teammitglieder stehen hintereinander an der gegenüberliegenden Volleyballgrundlinie. Auf ein Startsignal hin laufen jeweils die ersten Läufer der Gruppen mit einem Kreppbandstreifen und einer Bildkarte zu ihrem Partner auf die andere Seite. Dort angekommen, kleben sie die Karte an die richtige Stelle des Körpers ihres Partners. Die Schüler rennen wieder zurück zu ihrer Gruppe und schlagen den nächsten Schüler ab, sodass dieser losrennen kann. Wenn das Spiel startet, dürfen die Gruppen die Kreppbandstreifen vorbereiten und sich gemeinsam absprechen, wo welche Karte hingehört bzw. wer welche Karte hinüberträgt. Es gewinnt die Gruppe, die zuerst alle Karten richtig angeklebt hat. Würdigen Sie das Siegerteam entsprechend.

Bildkarten: Orientieren, Suchen, Finden (Runde 1)

Zeichnen Sie die abgebildeten Linien nach dem Kopieren farbig nach.

Schwarze Linie

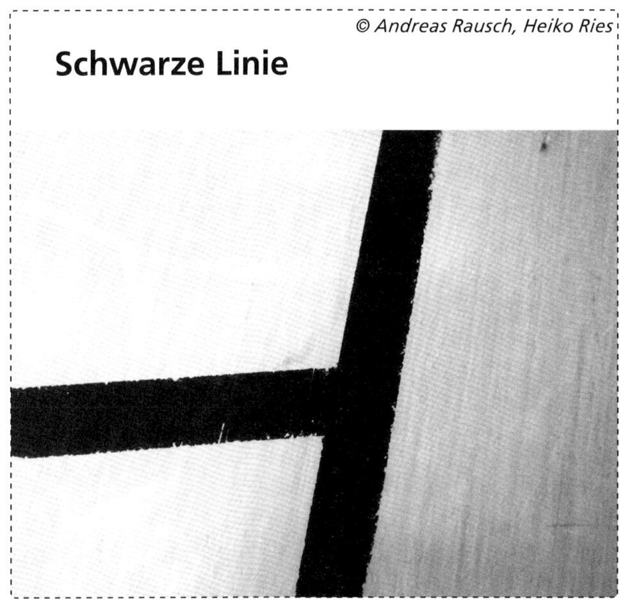

Blaue Linie

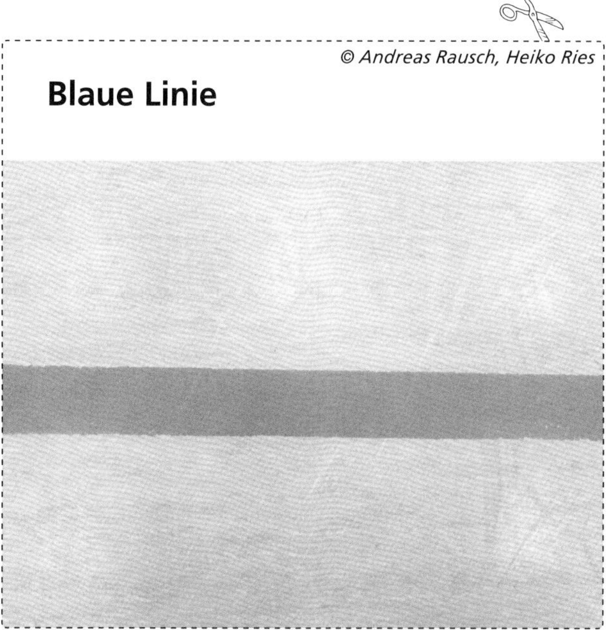

Rote Linie

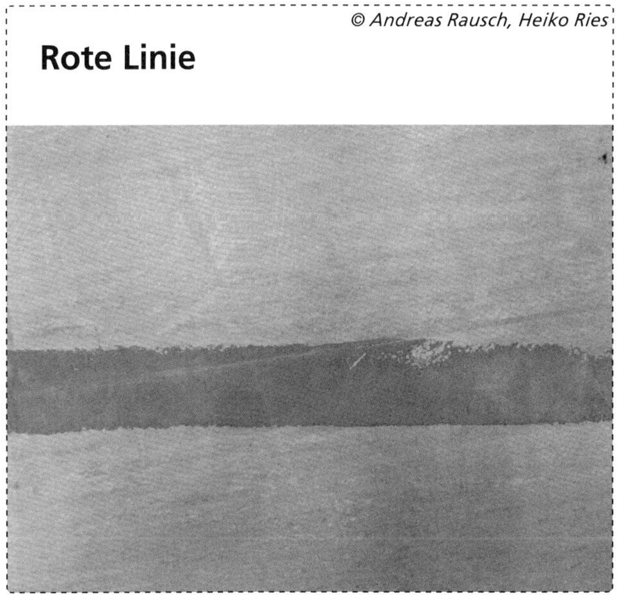

Grüne Linie

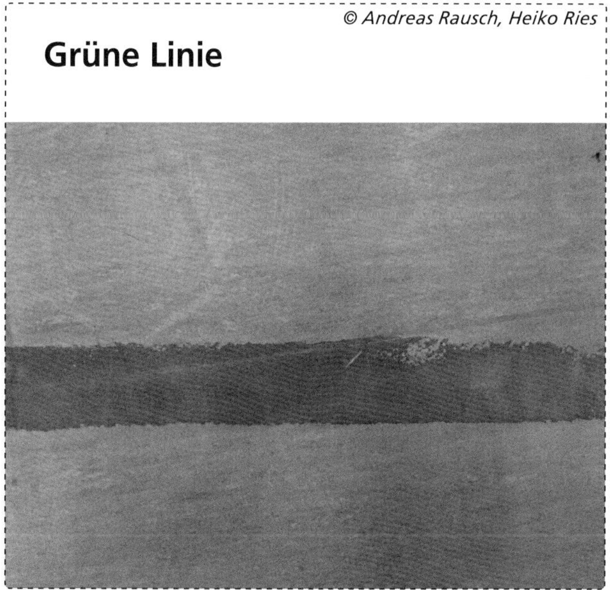

Bildkarten: Orientieren, Suchen, Finden (Runde 2)

© Andreas Rausch, Heiko Ries

Eine Bank

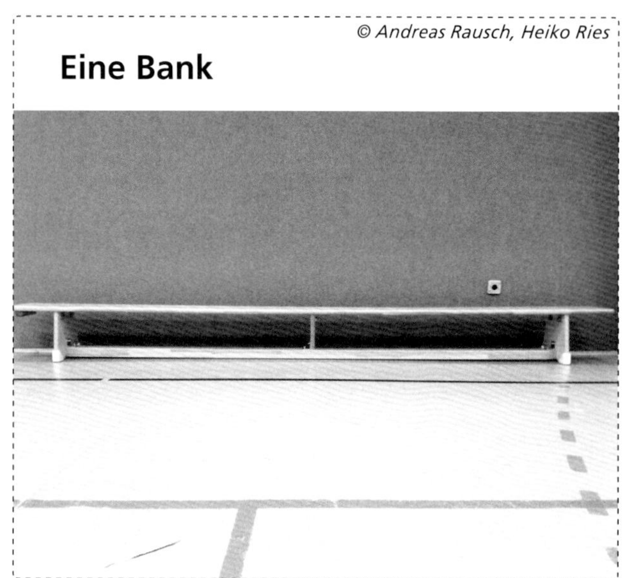

© Andreas Rausch, Heiko Ries

Eine Matte

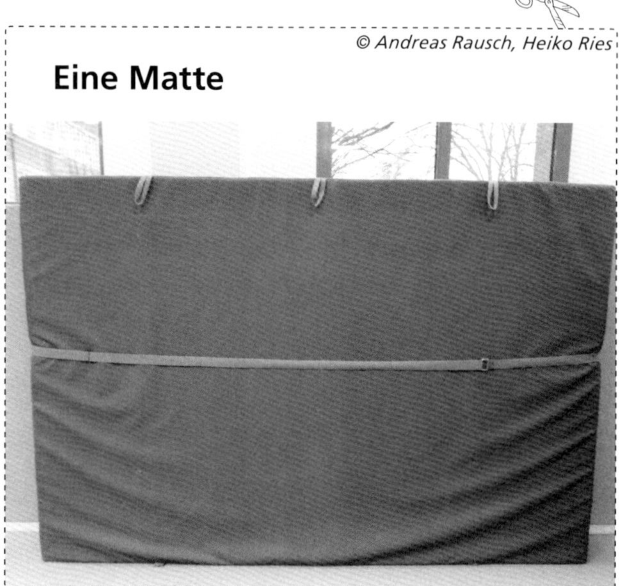

© Andreas Rausch, Heiko Ries

Ein Torpfosten

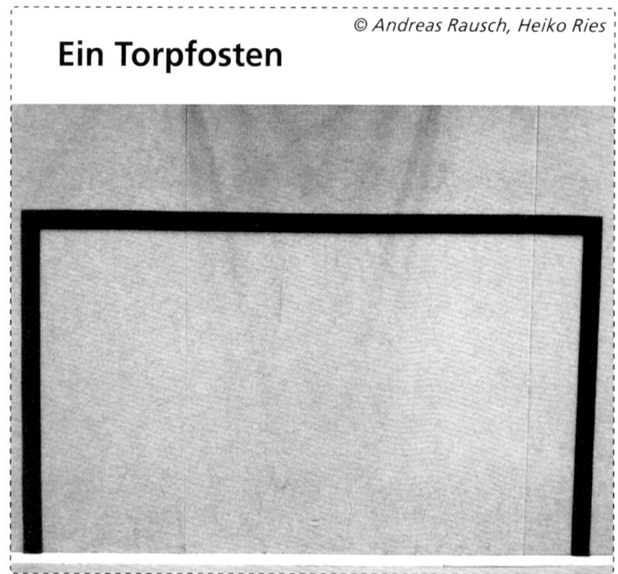

© Andreas Rausch, Heiko Ries

Die Hallentür

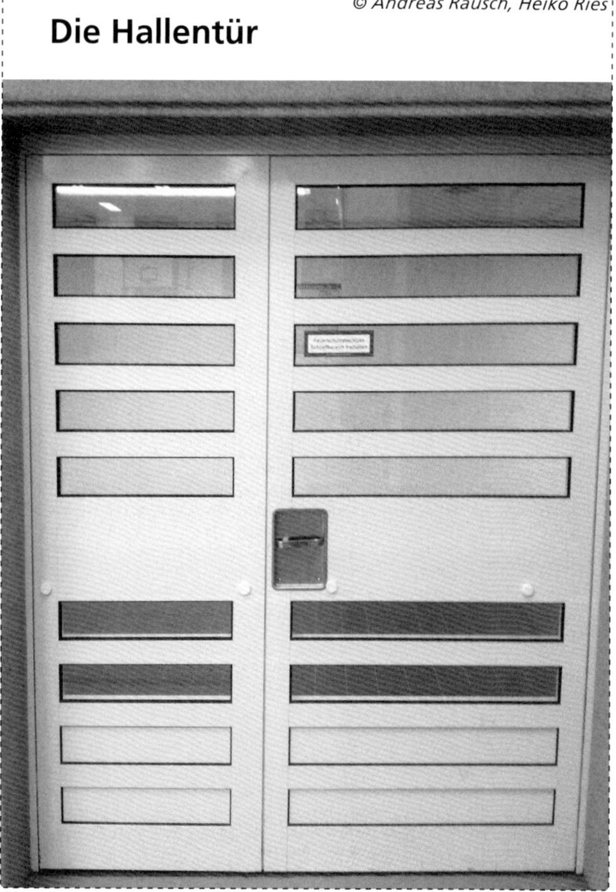

Bildkarten: Orientieren, Suchen, Finden (Runde 3)

© Andreas Rausch, Heiko Ries

Das Geräteraumtor

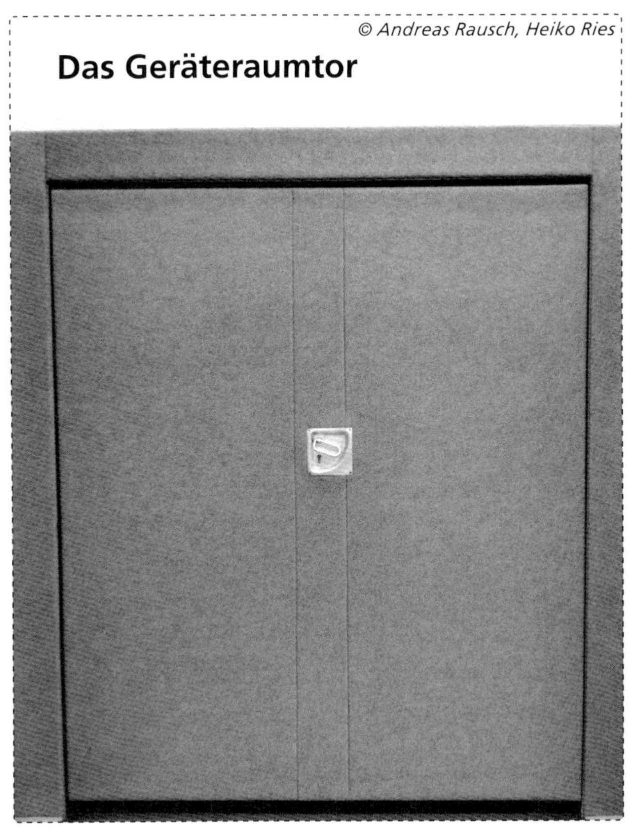

© Norbert Höverler

Ein Mitschüler

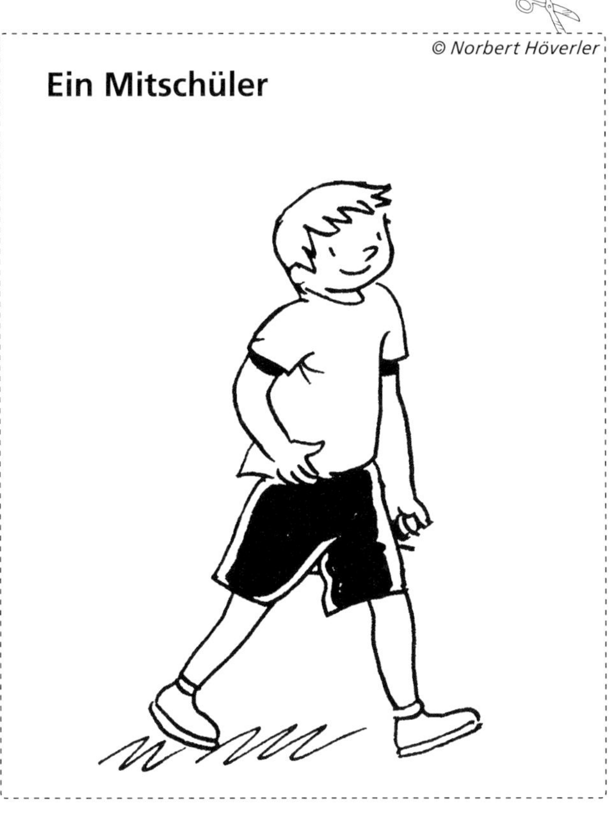

© Andreas Rausch, Heiko Ries

Die Sprossenwand

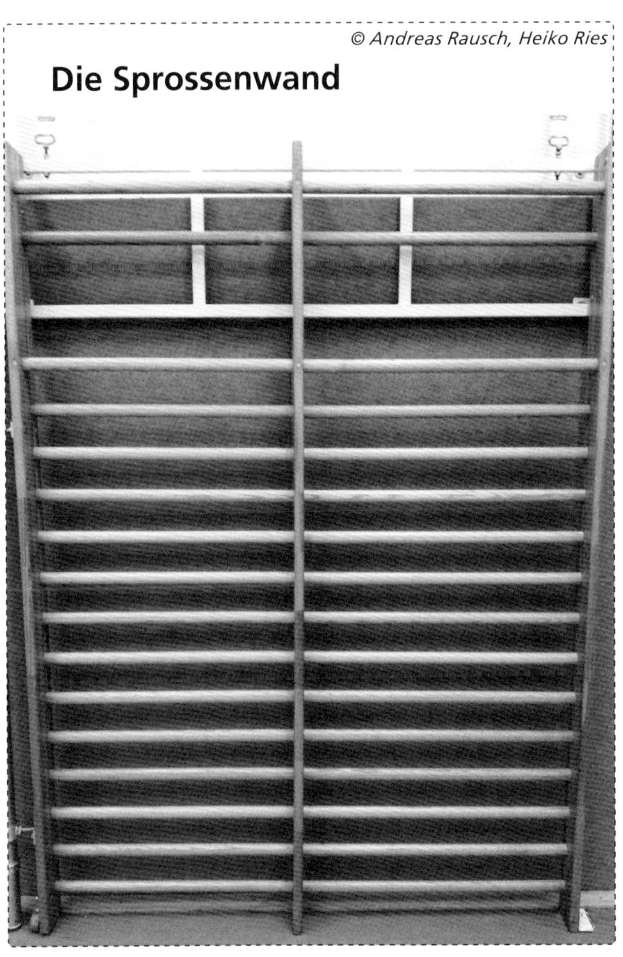

© Andreas Rausch, Heiko Ries

Die Seile

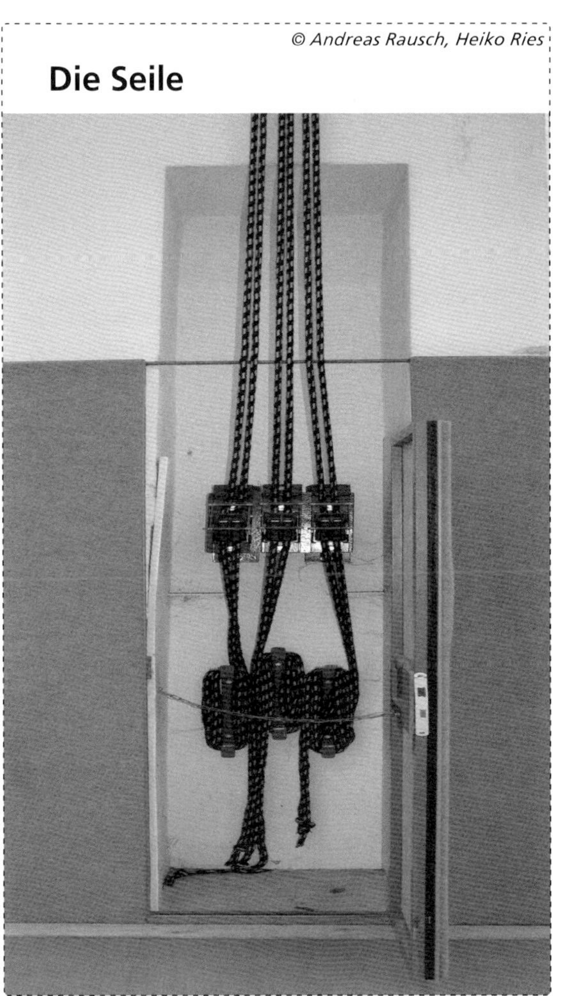

Bildkarten: Quartett (Runde 1)

Rennen

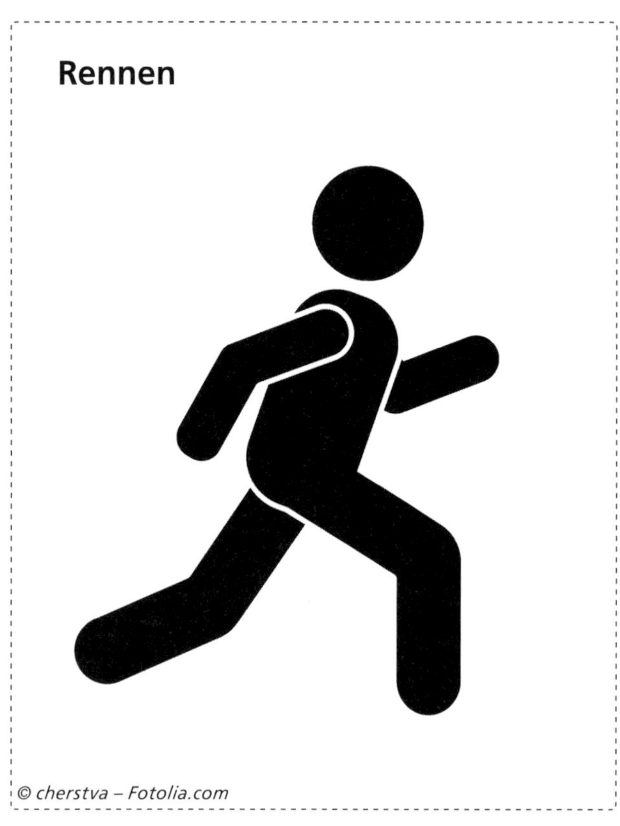

Gehen

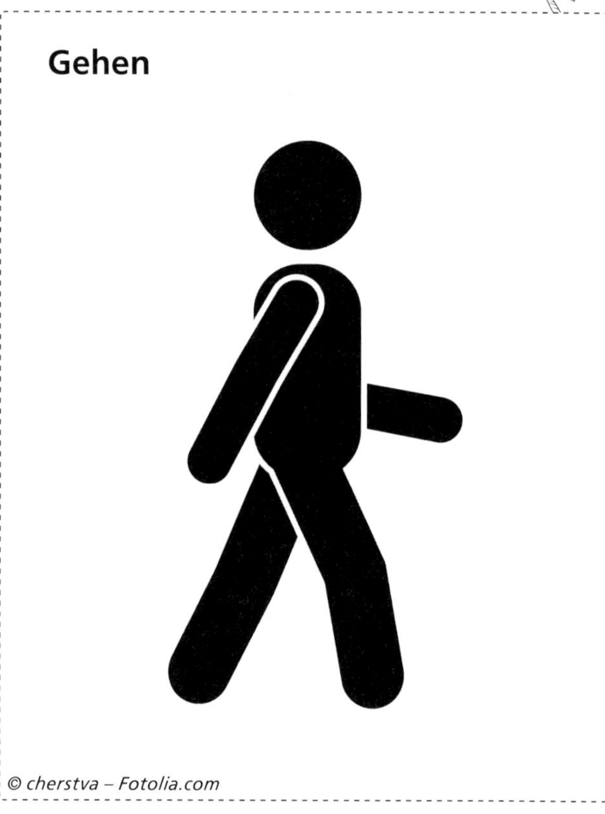

Schleichen

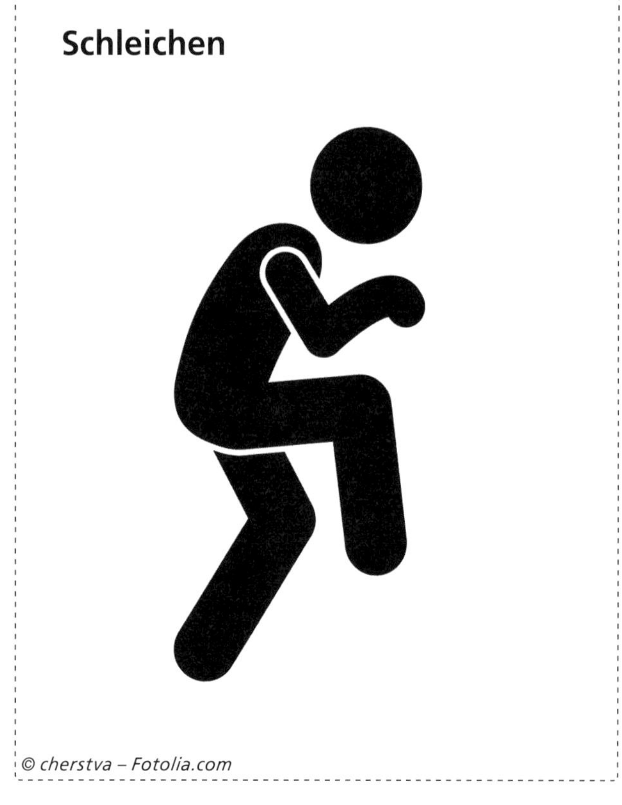

Joggen

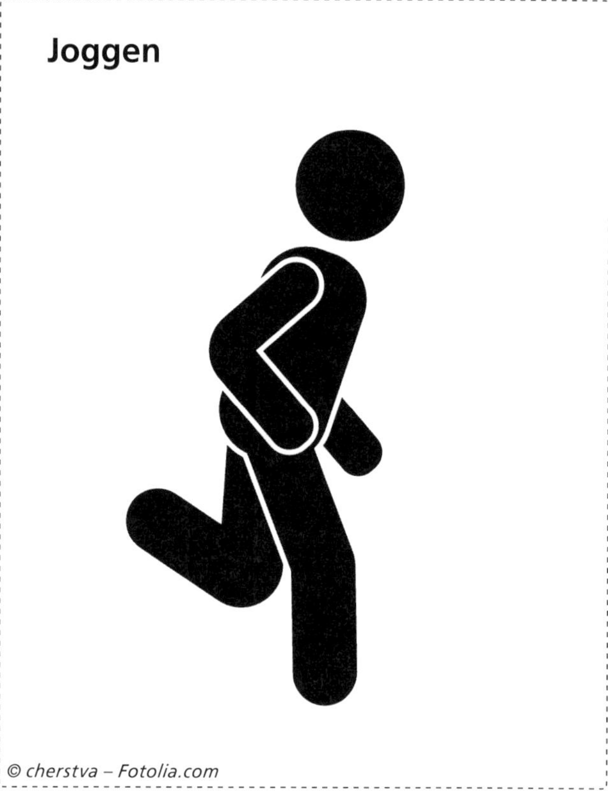

Bildkarten: Quartett (Runde 2)

Kniehebelauf

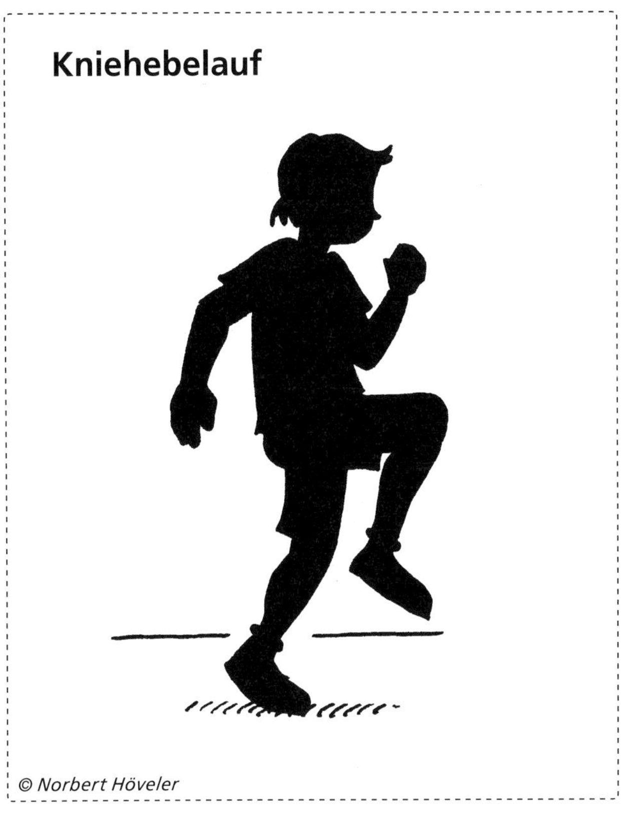

© Norbert Höveler

Anfersen

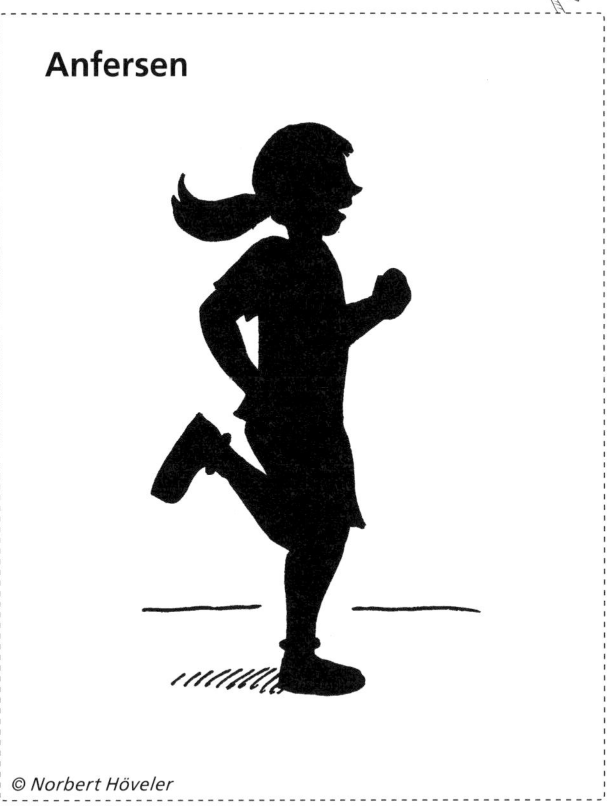

© Norbert Höveler

Seitliches Überkreuzen

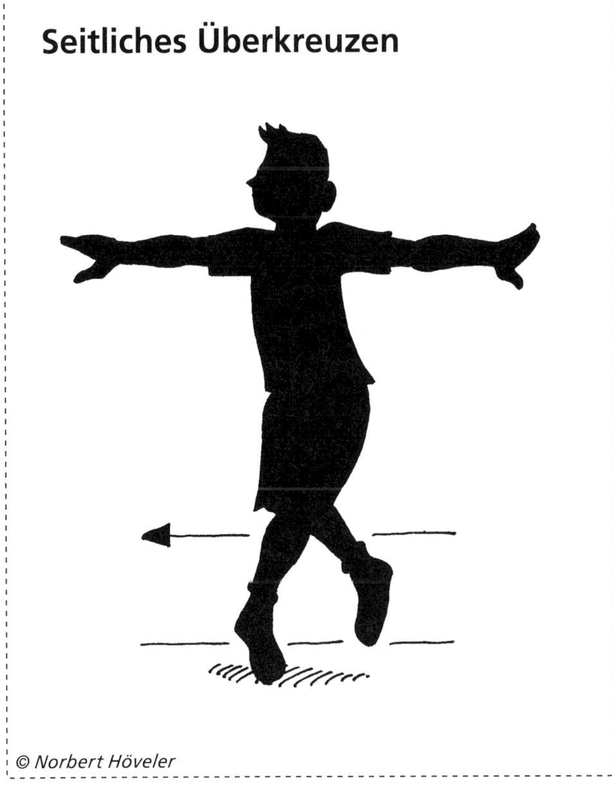

© Norbert Höveler

Rückwärtslaufen

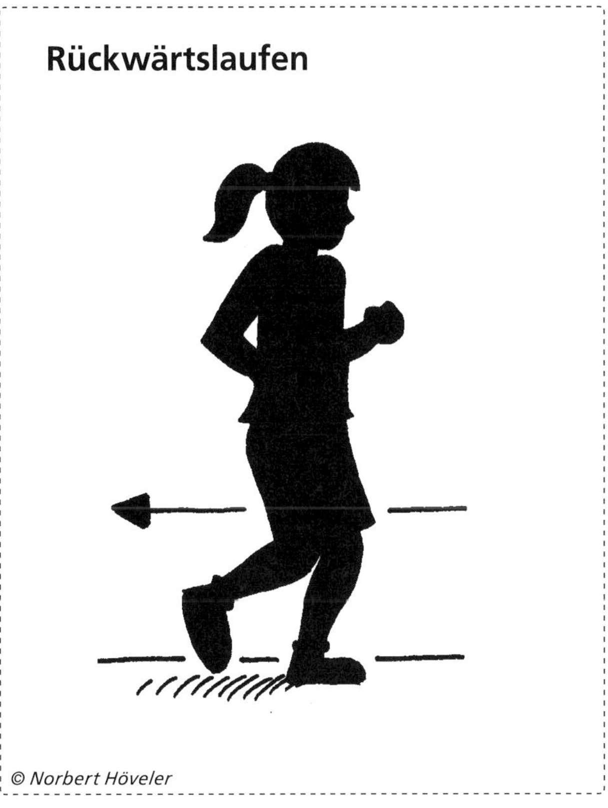

© Norbert Höveler

Bildkarten: Quartett (Runde 3)

Auf der Außenkante des Fußes

Anmerkung: Du kannst bei dieser Übung die Schuhe anlassen.

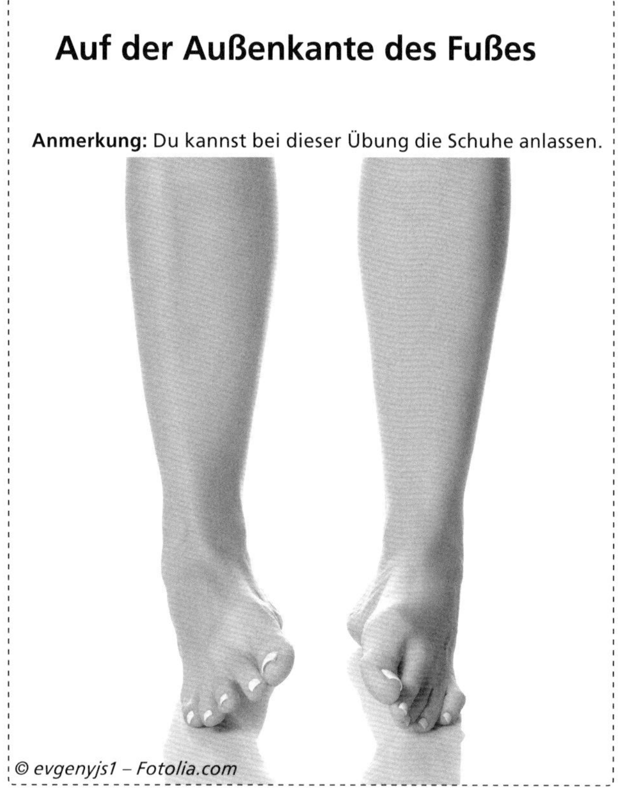

© evgenyjs1 – Fotolia.com

Auf den Fersen

Anmerkung: Du kannst bei dieser Übung die Schuhe anlassen.

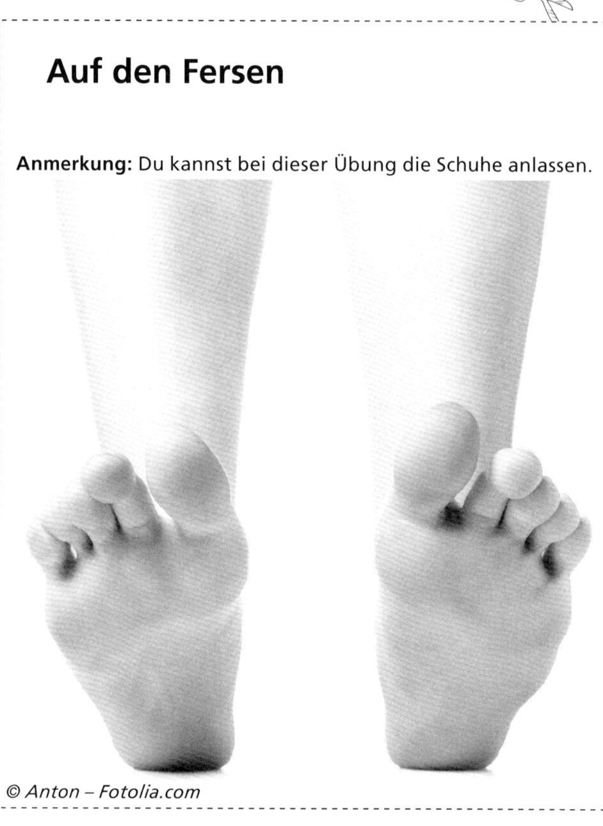

© Anton – Fotolia.com

Auf den Fußspitzen

Anmerkung: Du kannst bei dieser Übung die Schuhe anlassen.

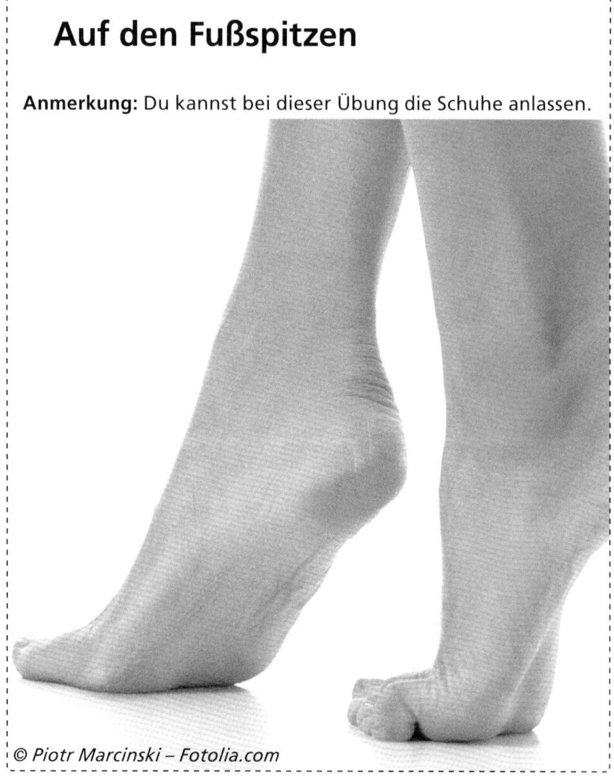

© Piotr Marcinski – Fotolia.com

Auf dem ganzen Fuß

Anmerkung: Du kannst bei dieser Übung die Schuhe anlassen.

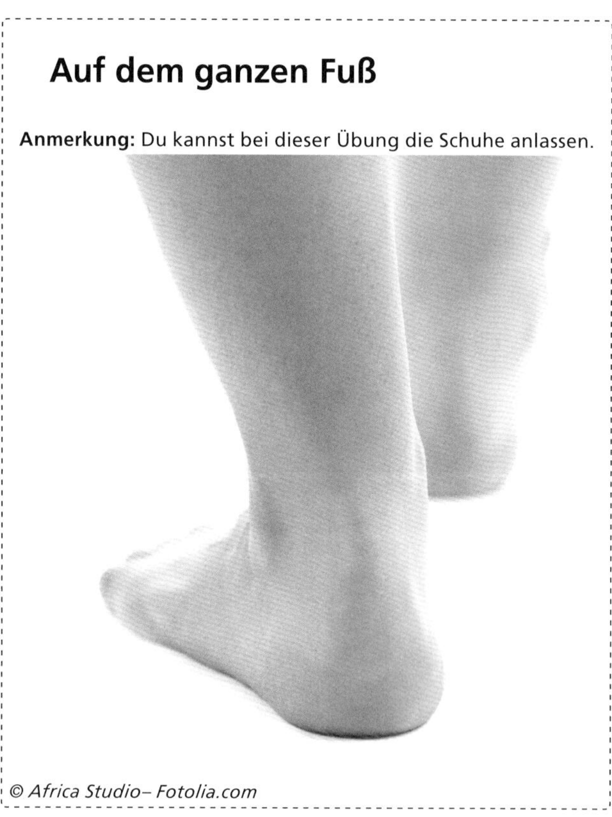

© Africa Studio– Fotolia.com

Bildkarten: Quartett (Runde 4)

Armkreisen rechts vorwärts

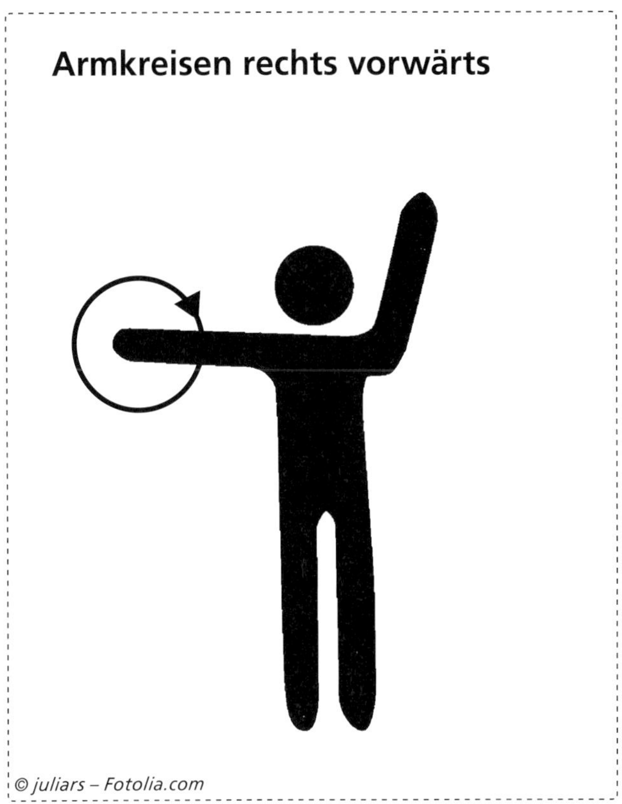

© juliars – Fotolia.com

Armkreisen links vorwärts

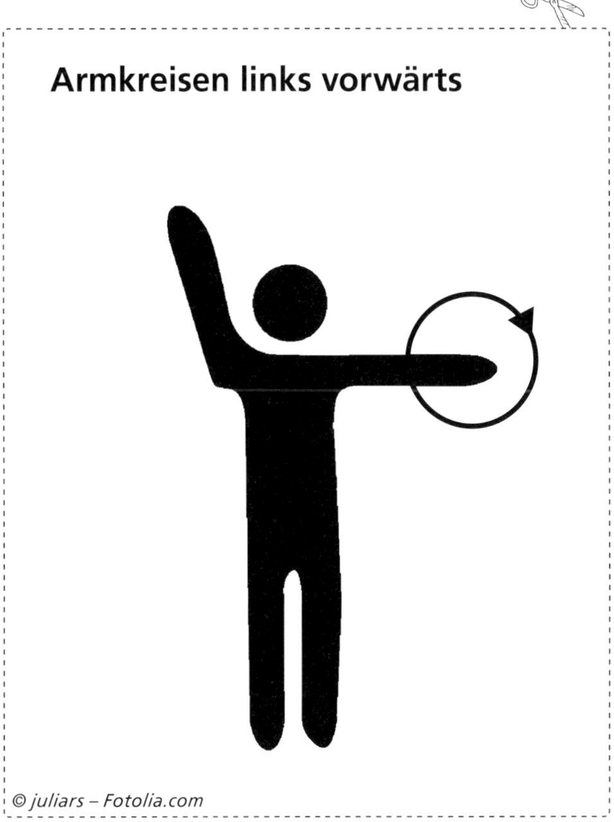

© juliars – Fotolia.com

Armkreisen rechts rückwärts

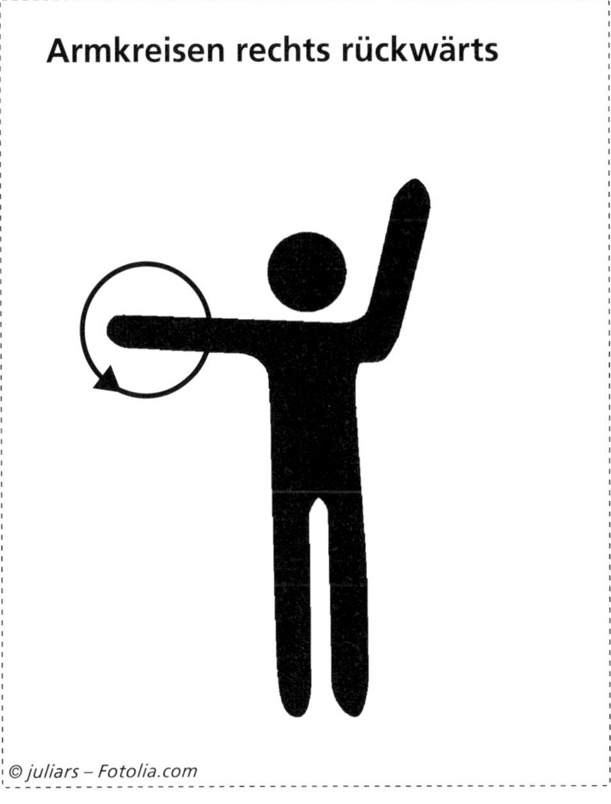

© juliars – Fotolia.com

Armkreisen links rückwärts

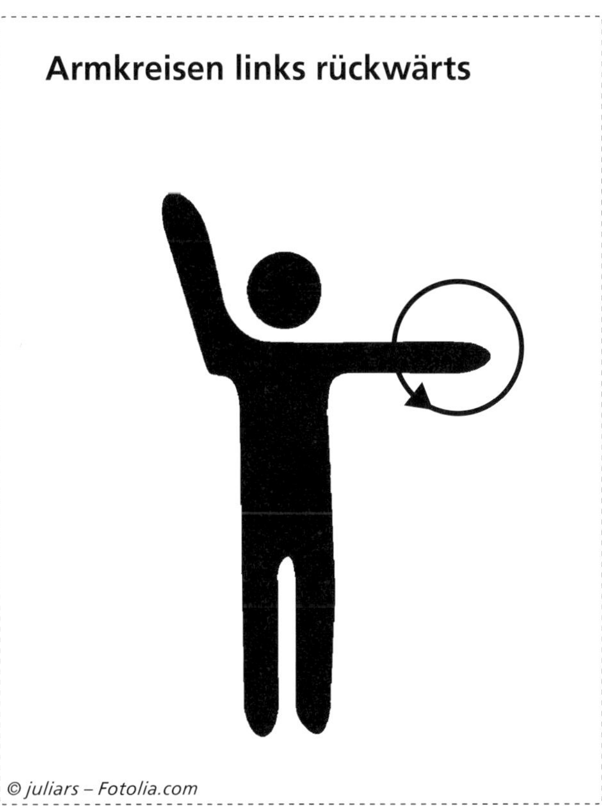

© juliars – Fotolia.com

Anatomie-Staffel (1/3)

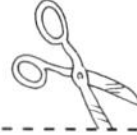

rechter Oberschenkel

linker Unterschenkel

Bauch

Schultern

Anatomie-Staffel (2/3)

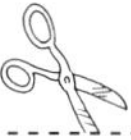

linke
Hand

rechter
Fuß

Knie

Kopf

Anatomie-Staffel (3/3)

Ellbogen

Wirbelsäule

  ISBN 978-3-8346-3933-2 | www.verlagruhr.de

Das Spielen entdecken und Spielräume nutzen

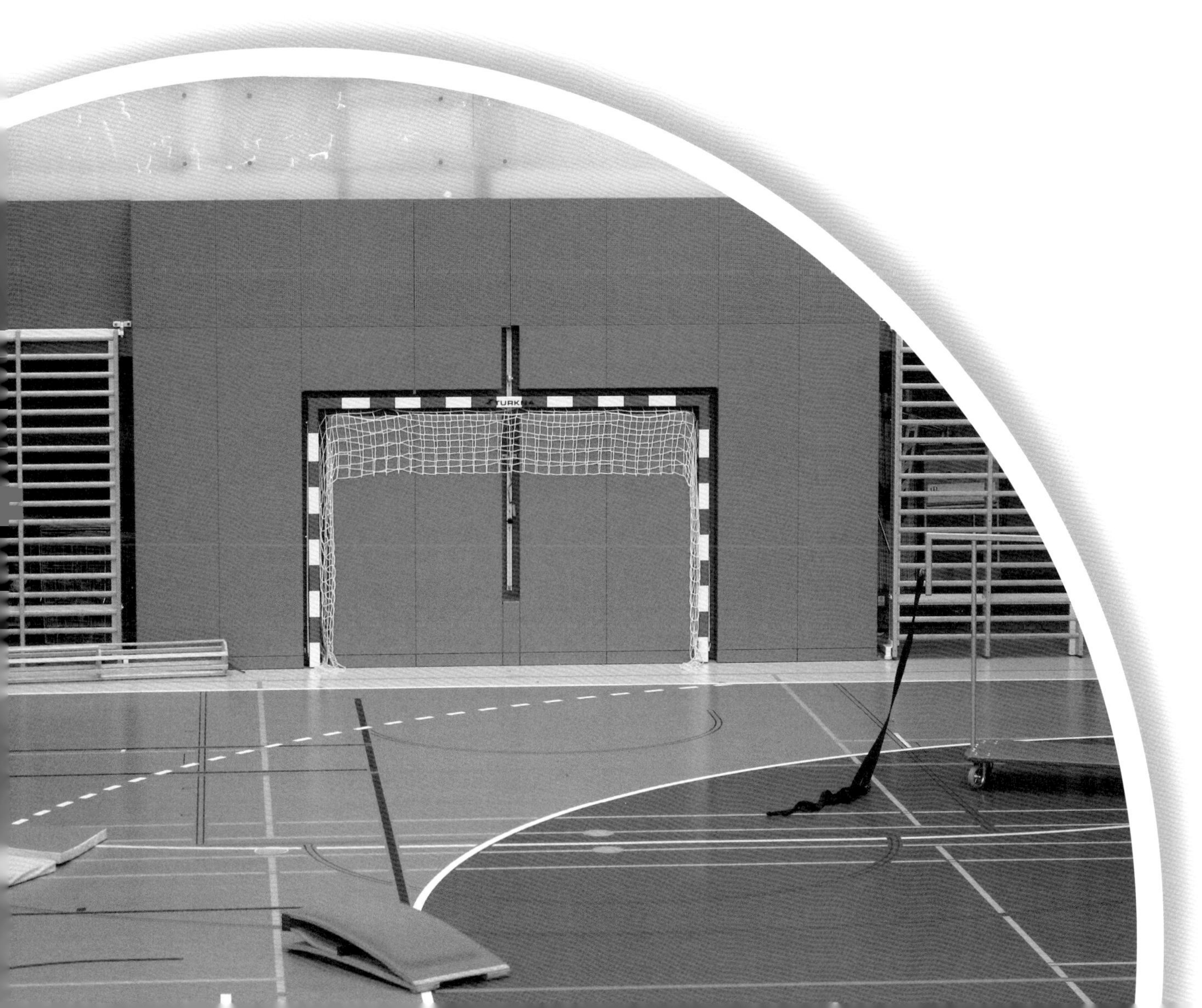

Keine Halle? Kein Problem! –
ein Such- und Laufspiel für den Schulhof

Darum geht's

Diese Stunde bietet eine Lösung für den Sportunterricht außerhalb der Halle an: Zwei Teams verstecken auf dem Schulhof jeweils eine bestimmte Anzahl Karteikarten. Anschließend müssen die Gruppen versuchen, wechselseitig die Karteikarten der anderen Gruppe zu finden. Die Gruppe, welche die meisten Karten findet, gewinnt.

Zielkompetenzen

Die Schüler können …
- einfache Bewegungsspiele fair und teamorientiert miteinander spielen.
- ihre Leistungsfähigkeit (Ausdauer, Anstrengungsbereitschaft, Schnelligkeit) gemäß den individuellen Leistungsvoraussetzungen in ausgewählten sportbezogenen Anforderungssituationen zeigen.

Material	*Anzahl*
Kopiervorlage „Fragen zum Such- und Laufspiel“	2
Karteikarten DIN A6 in 2 versch. Farben	je 15
Kreppband	mind. 2 Rollen

Vorbereitung

Kopieren Sie die „Fragen zum Such- und Laufspiel“ (→ S. 30–31) 2-mal. Schneiden Sie die Fragen aus und kleben Sie diese auf die einzelnen Karteikarten. Falls Sie die Karten mehrfach benutzen wollen, empfiehlt es sich, diese zu laminieren. Alternativ können Sie das Spiel auch ohne Vorbereitung durchführen. Dann werden nur leere Karteikarten verteilt, versteckt und gesucht.

Stundenverlauf

Erklärungsphase

ca. 5 Minuten

Teilen Sie die Klasse in zwei etwa gleich große Gruppen. Manchmal spielt eine Klasse solche Wettkampfspiele auch gerne in der Konstellation „Mädchen gegen Jungs“. Jede Gruppe bekommt 15 Karteikarten und eine Kreppbandrolle. Achten Sie darauf, dass jede Gruppe eine andere Karteikartenfarbe hat, z. B. blaue und rote Karten. Weisen Sie jeder Gruppe einen Bereich auf dem Schulhof zu. Anschließend erhalten die Gruppen ca. 10 Minuten Zeit, um ihre Karteikarten zu verstecken. Vorher müssen aber noch im gemeinsamen Gespräch die Regeln vereinbart werden. Klären Sie mit den Schülern, welche Verstecke erlaubt sind und welche nicht.

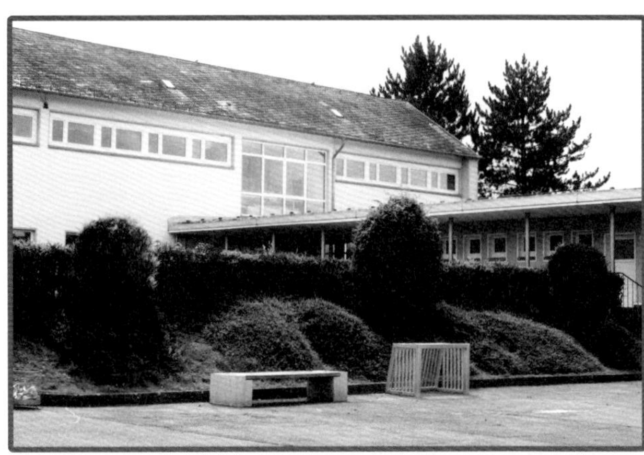

© Georg – Fotolia.com

Folgende Regeln können Sie vorschlagen:
- Die Karteikarten müssen zu sehen sein.
- Die Karteikarten dürfen nicht vergraben oder mit Laub etc. überdeckt werden.
- Die Karteikarten müssen immer mit Kreppband irgendwo festgemacht werden (damit sie nicht weggeweht werden können).
- Die Karteikarten müssen für jeden erreichbar sein (auch für kleinere Schüler).

Tipps

Diese Unterrichtseinheit können Sie auch sehr gut fächerübergreifend umsetzen. Auf den Karteikarten können sich dann Aufgaben aus dem jeweiligem Unterrichtsinhalt befinden.

Alternativ können Sie auch eine vorangehende Stunde dazu nutzen, die Schüler ihre Fragen selbst entwickeln zu lassen.

Ideal ist es, wenn die Schule über zwei verschiedene Schulhöfe verfügt. Dann kann jede Gruppe jeweils einen Hof zum Verstecken nutzen.

Spielphase

ca. 10 Minuten

Jede Gruppe hat nun 10 Minuten Zeit, um in dem vorher vereinbarten Bereich ihre Karteikarten zu verstecken. Danach trifft sich die gesamte Klasse wieder am vereinbarten Treffpunkt.

Suchphase

ca. 20 Minuten

Die erste Gruppe hat nun 10 Minuten Zeit, so viele Karteikarten wie möglich zu finden. Vereinbaren Sie vorher ein akustisches Signal zum Beenden der Suche. Stellen Sie anschließend die Fragen auf den gefundenen Karteikarten. Die Gruppe darf antworten. Jede gefundene Karte zählt einen Punkt und jede richtig gelöste Aufgabe einen weiteren Punkt.
Anschließend ist die nächste Gruppe dran und darf ebenfalls 10 Minuten lang suchen. Am Ende gewinnt diejenige Gruppe, welche die meisten Punkte hat. Würdigen Sie die Siegergruppe mit einem kräftigen Applaus.
Lassen Sie abschließend jede Gruppe ihre nicht gefundenen Karten wieder einsammeln.

Lösungen zum Such- und Laufspiel

1. Wer schoss 2014 im WM-Finale das 1:0?
   Antwort: Mario Götze
2. Wie viele Löcher hat ein Golfplatz?
   Antwort: 18
3. Wie viele Feldspieler sind bei einer Handballmannschaft auf dem Platz? (ohne Torwart)
   Antwort: 6
4. Welche Farben haben die olypischen Ringe?
   Antwort: Blau, Schwarz, Rot, Gelb, Grün
5. Wie lange dauert ein Hockeyspiel?
   Antwort: 2 x 35 Minuten
6. Was bedeutet ein Remis im Schach?
   Antwort: Unentschieden
7. Wie viele Spieler hat eine Basketballmannschaft?
   Antwort: 5
8. Wie lang ist die offizielle Marathon Strecke?
   Antwort: 42,195 km
9. Welcher Bundestrainer war vor Joachim Löw im Amt?
   Antwort: Jürgen Klinsmann
10. In welcher Sportart war Usain Bolt erfolgreich?
    Antwort: Sprinten, Leichtathletik
11. Welcher Schwimmstil ist der schnellste?
    Antwort: Kraul
12. Welcher Fußballer hat mit insgesamt 16 Toren die meisten Tore bei Weltmeisterschaften geschossen?
    Antwort: Miroslav Klose
13. Wie heißt das bekannte Radrennen, das quer durch Frankreich verläuft?
    Antwort: Tour de France
14. Welche drei Disziplinen müssen im Triathlon geschafft werden?
    Antwort: Schwimmen, Radfahren, Laufen
15. In welcher Sportart war Muhammad Ali sehr erfolgreich?
    Antwort: Boxen

Fragen zum Such- und Laufspiel (1/2)

❶ Wer schoss 2014 im WM-Finale das 1:0?	❷ Wie viele Löcher hat ein Golfplatz?
❸ Wie viele Feldspieler sind bei einer Handballmannschaft auf dem Platz? (ohne Torwart)	❹ Welche Farben haben die olympischen Ringe?
❺ Wie lange dauert ein Hockeyspiel?	❻ Was bedeutet ein Remis im Schach?
❼ Wie viele Spieler hat eine Basketballmannschaft?	❽ Wie lang ist die offizielle Marathonstrecke?

Fragen zum Such- und Laufspiel (2/2)

9

Welcher Bundestrainer war vor Joachim Löw im Amt?

10

In welcher Sportart war Usain Bolt erfolgreich?

11

Welcher Schwimmstil ist der schnellste?

12

Welcher Fußballer hat mit insgesamt 16 Toren die meisten Tore bei Weltmeisterschaften geschossen?

13

Wie heißt das bekannte Radrennen, das quer durch Frankreich verläuft?

14

Welche drei Disziplinen müssen im Triathlon geschafft werden?

15

In welcher Sportart war Muhammad Ali sehr erfolgreich?

3er-Fangen – ein kooperatives Fangspiel

Darum geht's

Fangspiele aus der Grundschule sind auf der weiterführenden Schule meist eher verpönt und werden mit „Das ist doch Baby-Kram" kommentiert. Dass auch Fangspiele für ältere Schüler attraktiv sein können, zeigt die folgende Unterrichtseinheit. In dieser Stunde wird ein bekanntes Fangspiel zu einem dynamischen und spannenden Teamwettkampf umfunktioniert. Auf einmal macht dann ein altes Spiel wieder allen Spaß.

Zielkompetenzen

Die Schüler können …

- beim Laufen eine Ausdauerleistung erbringen.
- ihre Leistungsfähigkeit (z. B. Anstrengungsbereitschaft, Koordination, Schnelligkeit, Ausdauer) gemäß den individuellen Leistungsvoraussetzungen in ausgewählten sportbezogenen Anforderungssituationen zeigen.
- Entspannungstechniken angeleitet durchführen.

Material	*Anzahl*
Leibchen/Parteibänder	für 3 Mannschaften
Markierungshütchen/ Pylonen	nach Bedarf

Vorbereitung

Halten Sie die benötigten Materialien bereit.

Stundenverlauf

Aufwärmspiel: Amöbenrennen

ca. 10 Minuten

Teilen Sie die Klasse in drei Teams auf. Die Teams stellen Amöben dar. Jedes Team bestimmt einen Schüler, der den Zellkern der Amöbe spielt. Sollte es zu Schwierigkeiten bei der Wahl kommen, geben Sie das Auswahlkriterium vor, z. B. der größte, älteste, der als erstes im Jahr geborene Schüler etc.

Alle Mitglieder eines Teams bilden einen Kreis, in dem sich alle die Hände reichen. Der „Zellkern" kommt in die Mitte. Nun hat die Amöbe die Aufgabe, kreuz und quer durch die Halle zu wandern, ohne die anderen beiden Amöben zu berühren (siehe Skizze S. 33). Der Zellkern bestimmt dabei die Richtung und die Geschwindigkeit der Amöbe. Wenn sich der in der Mitte befindliche Schüler in Bewegung setzt, muss der Kreis um ihn herum so mitlaufen, dass er den Zellkern nicht berührt.

Manchmal reicht es schon, die Gruppen einfach durch die Halle laufen zu lassen. Tauschen Sie dann ab und an die Zellkerne.

Wenn Sie jedoch das Gefühl haben, dass die Aufgabe zu wenig Herausforderung mit sich bringt, starten Sie ein kleines Amöbenrennen: Die drei Amöben stellen sich an der kurzen Hallenwandseite auf. Auf ein Startsignal durchlaufen die Amöben bis zur anderen Hallenseite einen Slalom-Parcours, bestehend aus Hütchen/Pylonen.

Hauptphase

ca. 20 Minuten

Die Amöben lösen sich nun auf, die Teams bleiben jedoch bestehen. Kennzeichnen Sie die drei Teams mit Parteibändern oder Leibchen. Jedes Team startet aus einer Ecke der Halle. Die Aufgabe besteht nun darin, einander gegenseitig zu fangen: Team A muss dabei die Schüler aus Team B fangen. Team B fängt Team C und Team C versucht, Mitglieder aus Team A zu fangen. Wer gefangen worden ist, setzt sich auf den Hallenboden. Wenn alle Mitspieler eines Teams sitzen, ist das Spiel beendet und die jeweilige Fängermannschaft bekommt einen Punkt.

Spielen Sie zunächst auf diese Weise zwei bis drei Runden. So bekommen alle Schüler einen Überblick, welche Teammitglieder sie fangen müssen und vor welchen Schülern sie wegrennen müssen.

Führen Sie dann eine neue Regel ein:

Nun dürfen Schüler aus dem eigenen Team wieder befreit werden. Ein Schüler wird befreit, wenn er von einem seiner Teammitglieder angetippt wird.

Unterbrechen Sie das Spiel nach ein bis zwei Runden und geben Sie den Schülern Zeit für eine kurze Teambesprechung. Die Mannschaften können sich kurz absprechen und eventuell sogar Aufgaben verteilen („*Du befreist gefangene Schüler*“). Sinnvoll kann es sein, wenn Sie Taktiktipps geben.

Tipps

Ideal ist es, wenn drei inaktive Schüler beim Fangspiel jeweils auf ein Team achten.

Erst wenn das Fangspiel von den Schülern gut beherrscht wird und „sitzt“, wird die Variante mit dem Befreien eigener Teammitglieder gespielt.

Dauert der Abschluss zu lange, dann tippen Sie noch weitere Schüler zusätzlich an.

Abschluss

ca. 5 Minuten

Alle Schüler legen sich in der ganzen Halle verteilt auf den Boden, schließen die Augen und werden leise. Gehen Sie zwischen den Schülern mit lauten und leisen Schritten durch die Halle. Die Schüler sollen auf Ihre Schritte achten.

Tippen Sie nach einer gewissen Zeit einen Schüler an. Dieser Schüler steht dann leise auf, verlässt die Halle und geht zu den Umkleidekabinen. Bevor er die Halle verlässt, tippt er jedoch noch einen anderen Schüler an. Dieser tippt vor dem Verlassen der Halle ebenfalls einen Schüler an etc. bis schließlich alle Schüler nacheinander angetippt wurden und die Halle verlassen haben.

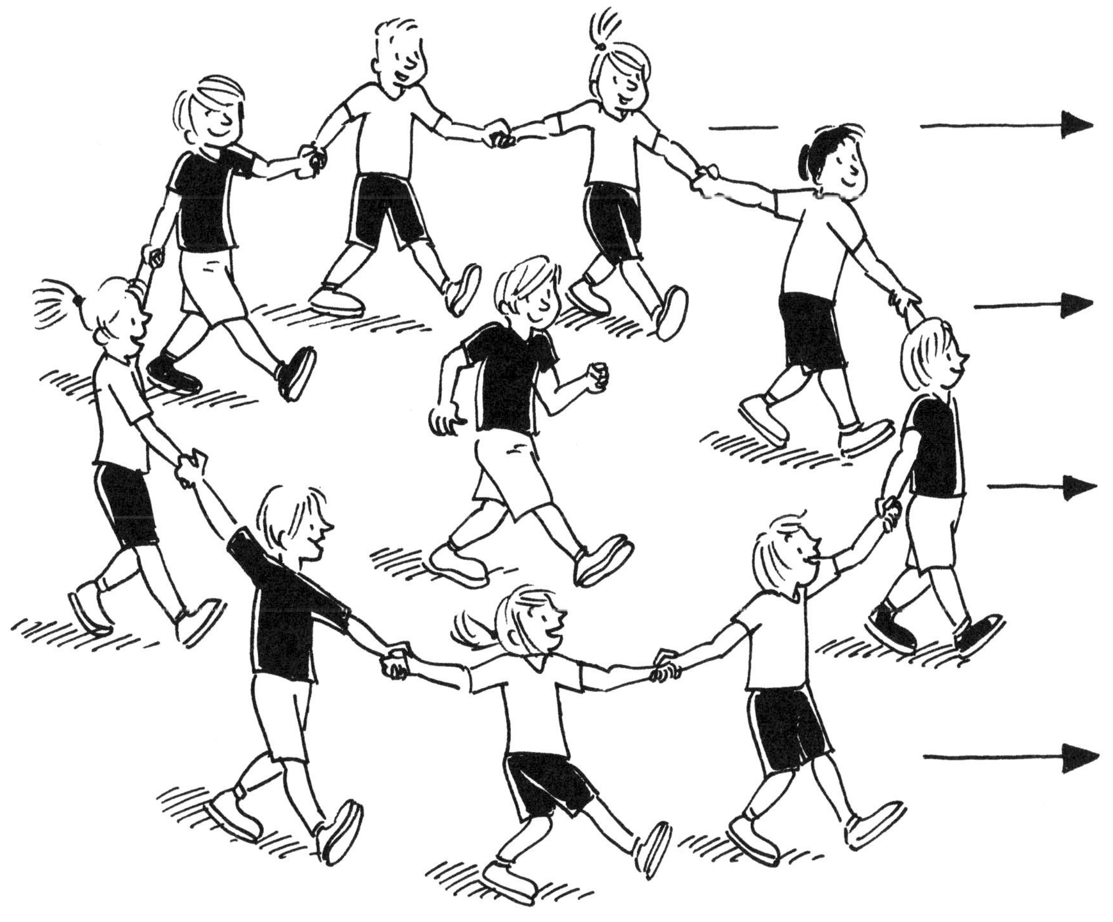

Burgeroberung – ein Teamfangspiel

Darum geht's

Zwei Teams stehen sich in ihren Hälften gegenüber. In der eigenen Hälfte ist man sicher. Doch das Ziel ist es, die Burg des Gegners zu erreichen. Welches Team schafft das zuerst?

Zielkompetenzen

Die Schüler können ...

- grundlegende taktisch-kognitive Fähigkeiten situationsgerecht anwenden.
- gemeinsam zielgerichtete Teamstrategien entwickeln.

Material	*Anzahl*
Weichbodenmatten	2
kleine Turnkästen	2
Markierungsbänder in 2 Farben	jeweils halber Klassensatz
(Skat-)Kartenspiel	1
Tennisbälle	optional 2
Langbänke	optional 2

Vorbereitung

Legen Sie die zwei Weichbodenmatten an die gegenüberliegenden Stirnseiten der Halle. Die Turnkästen werden jeweils einige Meter daneben mit der offenen Seite nach oben platziert (siehe Skizze S. 35).

Stundenverlauf

Aufwärmspiel: Rot und Schwarz

ca. 5 Minuten

Verteilen Sie die Spielkarten mit der Deckseite nach oben auf dem Hallenboden. Achten Sie darauf, dass jeweils gleich viele Karten von jeder „Farbe", also mit dem gleichen Symbol (Kreuz, Pik, Herz, Karo), verteilt sind und die Anzahl der Karten auch der Anzahl der Schüler entspricht. Jeder Schüler soll sich nun auf Kommando eine Karte erlaufen. Anschließend finden sich alle Schüler mit der gleichen Farbe zusammen. Das Team mit der „Farbe", d.h. dem Symbol, das zuerst komplett ist und auf dem Boden sitzt, gewinnt.

Jeweils zwei „Farben" bilden dann für das kommende Spiel ein Team. Sie können z.B. die roten Karten (Herz und Karo) gegen die schwarzen Karten (Pik und Kreuz) spielen lassen. Kennzeichnen Sie die beiden Teams durch die entsprechenden Parteibänder.

Spielphase

ca. 25 Minuten

Beide Mannschaften stellen sich in ihre Spielfeldhälften. Jeder Akteur darf sich beliebig in der Halle bewegen, wobei er nur in der eigenen Spielhälfte sicher ist. Sobald er die Mittellinie überschreitet, kann er von der anderen Mannschaft abgeklatscht werden. Passiert dies, muss sich der erste Gefangene unverzüglich mit einem Fuß in den Kerker (umgedrehter Turnkasten) stellen. Alle weiteren Gefangenen können dann mit dem zuerst Gefangenen eine Kette bilden, indem sie sich an den Händen halten (siehe Skizze S. 35). Somit können sie es dem eigenen Team erleichtern, die Gefangenen zu befreien. Denn gelingt es einem Schüler, einen Gefangenen aus dem eigenen Team abzuklatschen, sind alle Gefangenen befreit und dürfen mit dem Befreier in die eigene Spielfeldhälfte zurückkehren.

Ziel des Spiels ist es, auf die Burg (Weichbodenmatte) des Gegners zu gelangen, ohne abgeklatscht zu werden. Sobald ein Spieler die gegnerische Burg erreicht hat, verbleibt er bis zum Ende des Spiels dort und darf nicht mehr ins Geschehen eingreifen. Das Team, das zuerst mit allen Schülern auf der gegnerischen Matte ist, hat das Spiel gewonnen.

Je nach Zeitbedarf pro Spiel können mehrere Durchgänge gespielt werden.

Variante

Das Spiel kann auch als Balleroberung gespielt werden. Dabei wird jeweils ein Tennisball auf einer Langbank am Ende der Halle platziert (statt der Weichbodenmatten). Das Spiel ist gewonnen, wenn es einem Spieler gelingt, den gegnerischen Tennisball in die Hand zu nehmen.

Tipps

Verbieten Sie „Burgwächter"! Falls Schüler nur vor der eigenen Matte Wache stehen, sollten Sie dies z. B. durch Einführung von Tabuzonen oder Zeitregeln unterbinden.

Geben Sie den Teams zwischen zwei Durchgängen etwas Zeit, um ihre Strategie zu überdenken.

Reflexionsphase

ca. 5 Minuten

Stellen Sie folgende Fragen, um die Reflexion im Mittelkreis einzuleiten:

- *„Wer hat eine gute Idee für eine Teamstrategie?"*
- *„Was waren gute/schlechte taktische Entscheidungen bei den Spielen?"*

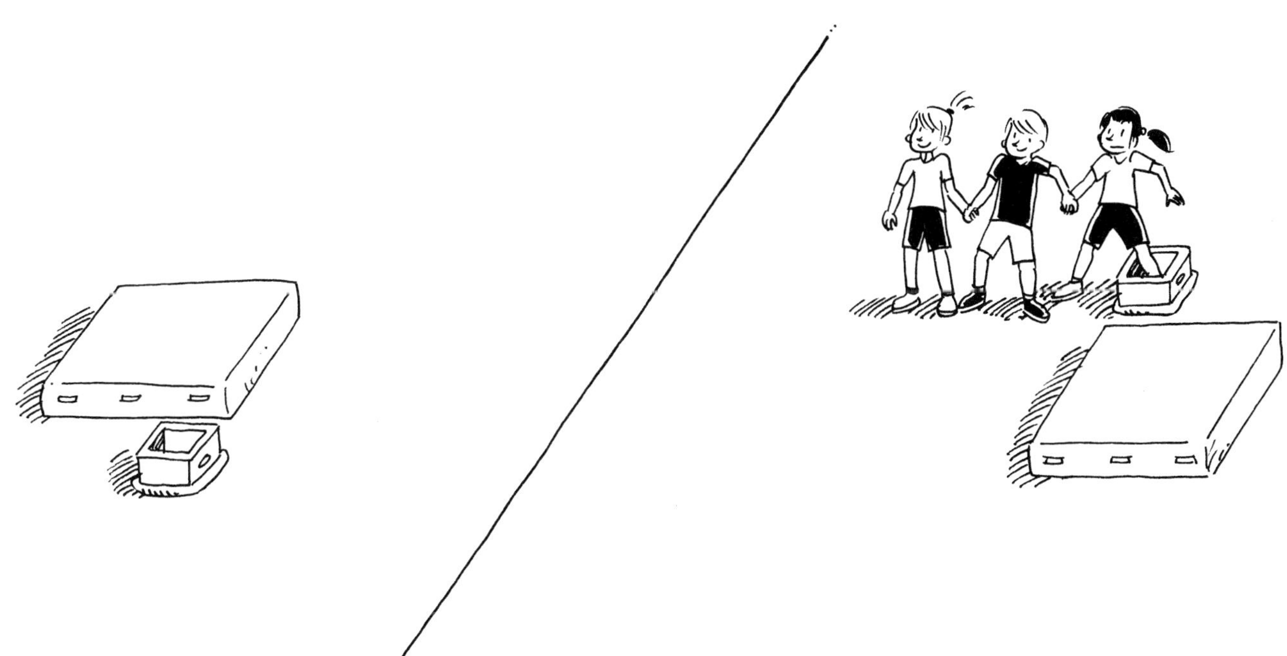

Kettenfangen – mit und ohne Ketten

Darum geht's

Diese Stunde basiert auf zwei Variationen des Spiele-Klassikers „Kettenfangen". Die Variationen sollen die Schüler kritisch reflektieren und neue, interessantere Varianten erfinden und erproben.

Zielkompetenzen

Die Schüler können …

- ein einfaches Fangspiel durchführen und auf die Spielregeln bezogen verändern.
- die Spielregeln hinsichtlich ihrer Eignung für die Durchführung des Spiels beurteilen.
- ihre eigene Strategie reflektieren und verbessern.

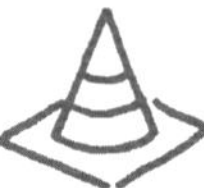

Material	*Anzahl*
Stoppuhr	1
Leibchen/Parteibänder	2

Vorbereitung

Halten Sie die benötigten Materialien bereit.

Stundenverlauf

Kettenfangen – Spielphase I

ca. 7 Minuten

Bestimmen Sie zwei „Fänger" (jeder bekommt ein Parteiband), der Rest der Klasse bildet die „Läufer". Erklären Sie der Klasse die erste Variante des Kettenfangens: Wer von einem Fänger gefangen wurde, wird selbst zum Fänger, nimmt diesen an die Hand und fängt mit ihm zusammen weiter. Sobald sich vier Fänger in einer Kette befinden, teilt sich diese in 2er-Ketten. Läufer dürfen nur dann gefangen werden, wenn die Kette intakt ist und sich alle Schüler an der Hand halten. Wenn alle Läufer gefangen wurden, endet das Spiel. Stoppen Sie die Zeit, wenn alle Läufer gefangen worden sind. Wenn nach ca. 5 Minuten noch viele Läufer frei sind, stoppen Sie das Spiel und gehen zur nächsten Variante über.

Kettenfangen – Spielphase II

ca. 6 Minuten

Erklären Sie die zweite Variante: Diesmal werden die Ketten nicht getrennt, sondern wachsen, bis am Ende alle Schüler zwei Ketten bilden. Auch diese Variante brechen Sie nach maximal 5 Minuten ab, wenn nicht alle Läufer gefangen werden konnten.

Reflexionsphase

ca. 7 Minuten

Beide gespielten Varianten werden kritisch reflektiert und die Schüler überlegen, wie das Spiel noch variiert werden kann, damit es temporeicher bzw. spannender wird. Teilen Sie die Klasse dazu in drei gleich große Gruppen auf. In den Gruppen einigen sich die Schüler jeweils auf eine Variante, die sie dann den anderen Gruppen vorstellen.

Kettenfangen – Spielphase III

ca. 12 Minuten

Die Ideen der Schüler werden erprobt und eventuell weiter verändert oder sogar kombiniert, bis im Idealfall ein eigenes Klassenkettenfangen entsteht.

Reflexionsphase

ca. 3 Minuten

Leiten Sie eine Reflexion im Mittelkreis ein:

- *„Warum ist unsere Variante besser als der Klassiker?"*
- *„Wie haben wir das erreicht?"*

Tipp

Es kann auch spannend sein, mit den Schülern zunächst das effektive Fangen als Kette(n) zu trainieren (z. B. indem Absprachen unter den Kettenmitgliedern getroffen werden).

Flussüberquerung – Kooperieren fürs gemeinsame Ziel

Darum geht's

Zwei Teams müssen mit wenigen Hilfsmitteln einen Fluss überqueren, denn auf der anderen Seite ist ein wertvoller Schatz versteckt. Doch Vorsicht! – Wenn ein Teammitglied das Wasser berührt, muss das ganze Team von vorn anfangen.

Zielkompetenzen

Die Schüler können …

- eine Aufgabenstellung gemeinsam lösen, indem sie im Team kooperieren.
- ihre eigene Strategie reflektieren und verbessern.

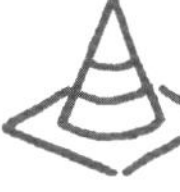

Material	*Anzahl*
Kastenoberteile	2
kleine Turnmatten	4
kleiner Karton als „Schatzkiste"	1

Flussüberquerung –Spielphase I

ca. 15 Minuten

Teilen Sie die Klasse nun in zwei gleich große Gruppen auf. Jede Gruppe bekommt ein Kastenoberteil und zwei kleine Turnmatten und setzt sich an einer Hallenseite (am Flussufer) auf den Boden. Erklären Sie das Spiel möglichst spannend: Beide Gruppen müssen den reißenden Fluss, in dem es von Piranhas und Krokodilen wimmelt, mithilfe des Baumstamms (Kastenoberteil) und der beiden Bretter (kleine Matten) überqueren. Dabei ist es das Wichtigste, dass keiner das Wasser (den Boden) berührt. Wenn dies passiert, muss die gesamte Gruppe neu starten. Die Gruppe, die zuerst am anderen Ufer ankommt, hat gewonnen und kann den Schatz bergen.

Geben Sie den Teams vor dem Start 2 Minuten Zeit, um sich in der Gruppe eine Strategie zu überlegen.

Vorbereitung

Überlegen Sie sich zwei geeignete Begrenzungen, die die Ufer des Flusses markieren können (meist eignen sich vorhandene Linien, z. B. die beiden Grundlinien des Volleyballfeldes).

Stundenverlauf

Aufwärmphase

ca. 5 Minuten

Alle Schüler suchen sich in der Halle eine Linie, auf die sie sich stellen. Nach dem Startsignal gehen die Schüler auf „ihrer" Linie. Sie dürfen bei kreuzenden Linien die Linie wechseln. Wenn ein anderer Schüler ihren Weg kreuzt, müssen sich beide verständigen, wie sie weitergehen können (z. B. ein Schüler dreht um oder weicht auf eine andere Linie aus). Variieren Sie die Fortbewegungsarten der Schüler (z. B. Joggen, auf einem Bein hüpfen, rückwärtslaufen etc.).

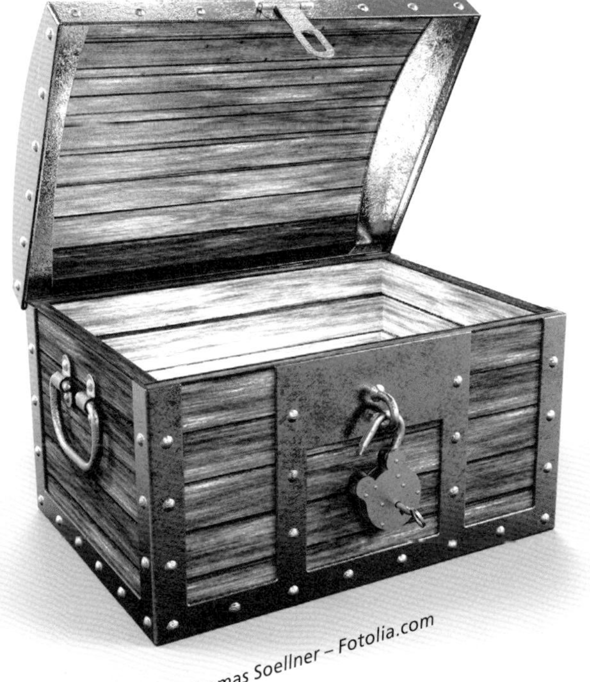

Flussüberquerung – Spielphase II

ca. 10 Minuten

Der gefundene Schatz wird fiktiv unter den Teams „geteilt". Beide Gruppen müssen dann natürlich mit ihren Anteilen auch wieder zurück ans Ausgangsufer gelangen, um den Schatz sicher nach Hause zu bringen. Nach einer kurzen Besprechungsphase, in der die Gruppen ihre gewählte Strategie noch einmal überdenken bzw. sich eine neue Strategie überlegen können, erfolgt das Startsignal und die Flußüberquerung zum Ausgangsufer beginnt.

Anders als bei der ersten Flußüberquerung müssen auf dem Rückweg auch alle Hilfsmittel (Matten, Kastenoberteil) mit an Land genommen werden.

Reflexionsphase

ca. 5 Minuten

Stellen Sie folgende Frage, um die Reflexion im Mittelkreis einzuleiten:

- *„Welchen Schatz hat die Klasse denn jetzt eigentlich gefunden?"* (erwartete Schülerantwort: Teamfähigkeit, Kooperation)

Tipps

Es hat sich bewährt, das Spiel als „Mädchen-gegen-Jungs-Konstellation" spielen zu lassen.

Man kann auch eine kleine Schatzkiste mit einer „Schatzkarte", auf der der Begriff „Teamfähigkeit" o. Ä. steht, vorbereiten und diese am Ende des Spiels mit der Klasse öffnen und besprechen.

Friskey – „Hockey" mit dem Frisbee

Darum geht's

„Friskey" ist ein Mannschaftsspiel, das mit wenigen Regeln und ohne Vorkenntnisse der Spieler auskommt und somit schnell zu einem interessanten Spielerlebnis für die ganze Klasse wird. Der Name „Friskey" ist eine Kombination aus „Frisbee" und „Hockey."

Zielkompetenzen

Die Schüler können ...

- ihre sportartübergreifende Spielkompetenz verbessern.
- ein unbekanntes Spiel gemäß vorgegebenen Spielideen und Regeln selbstständig spielen und hinsichtlich der Durchführung beurteilen.

Material	*Anzahl*
Kopiervorlage „Friskey-Regeln" in DIN-A3-Format	1
Frisbees	mind. 4
Langbänke	4
Markierungshütchen/ Pylonen	ca. 10
Leibchen/ Parteibänder in 4 Farben	pro Farbe ¼ der Klassenstärke

Vorbereitung

Kopieren Sie die „Friskey-Regeln" (→ S. 41) einmal vergrößert auf das Format DIN A3. Stellen Sie die vier Langbänke als Tore an den langen Hallenseiten auf (mit der Sitzfläche nach „vorn"). Die beiden Spielfelder werden durch die Markierungshütchen in der Mitte der Halle voneinander abgetrennt (siehe Skizze S. 40). Teilen Sie die Klasse in vier gleich große Mannschaften ein und verteilen Sie die Parteibänder an jede Mannschaft.

Stundenverlauf

Aufwärmphase

ca. 5 Minuten

Erklären Sie den Schülern, wie sie die Frisbees passen und stoppen können: Die Frisbees werden mit einer Hand flach über den Boden „gerutscht", dabei befindet sich die „offene" Seite immer unten. Die Scheiben dürfen mit einer oder mit beiden Händen gestoppt werden, indem sie von oben fixiert werden. Das Passen und Stoppen wird in den Mannschaften in je einem Viertel der Halle geübt. Hierbei können Sie entweder bestimmte Übungen vorgeben (z. B. jede Mannschaft bildet einen Kreis und die Schüler passen sich die Scheibe abwechselnd zu) oder die Mannschaften frei agieren lassen. Wenn mehr als vier Frisbees vorhanden sind, können Sie pro Mannschaft mehrere Scheiben verteilen, um so die Übungsintensität zu erhöhen.

Friskey – Erklärungsphase

ca. 5 Minuten

Erklären Sie die wichtigsten „Friskey-Regeln". Die Kopiervorlage (→ S. 41) kann dabei zur Visualisierung eingesetzt werden. Die Erklärungsphase sollte möglichst kurz gehalten werden. Sie sollten nur wenige oder sogar keine Rückfragen zulassen, da die Schüler das Spiel zunächst erproben sollen. Während des Spiels auftretende Fragen werden in der Reflexionsphase nach dem Spiel diskutiert.

Friskey – Spielphase I

ca. 5 Minuten

Die Schüler erproben das Spiel in einer ersten Spielphase – je zwei Mannschaften spielen gegeneinander. Im Spiel sollen die Schüler besonders darauf achten, ob sich noch Rückfragen zu den Regeln ergeben.

Reflexionsphase

ca. 5 Minuten

Eventuell aufgetretene Regelfragen werden mit der gesamten Klasse besprochen und die Regeln werden ggf. modifiziert. Die Klasse einigt sich auf ihre einheitlichen Regeln.

Friskey – Spielphase II

ca. 10 Minuten

In einer zweiten Spielphase spielen die gleichen Mannschaften erneut gegeneinander. Nach der Hälfte der Spielzeit werden die Mannschaften getauscht (z. B. Gewinner gegen Gewinner, Verlierer gegen Verlierer).

Reflexionsphase

ca. 5 Minuten

Leiten Sie eine Reflexion im Mittelkreis ein:

- *„Konnten alle sich am Spiel beteiligen?"*
- *„Gibt es von eurer Seite noch weitere Regelergänzungen?"*
- *„Wieso kommt dieses Spiel mit so wenigen Regeln aus?"*

Tipps

Inaktive Schüler können als Schiedsrichter eingesetzt werden.

Wenn Friskey über einen längeren Zeitraum gespielt wird, ist es hilfreich, wenn die Schüler lange Hosen im Sportunterricht tragen.

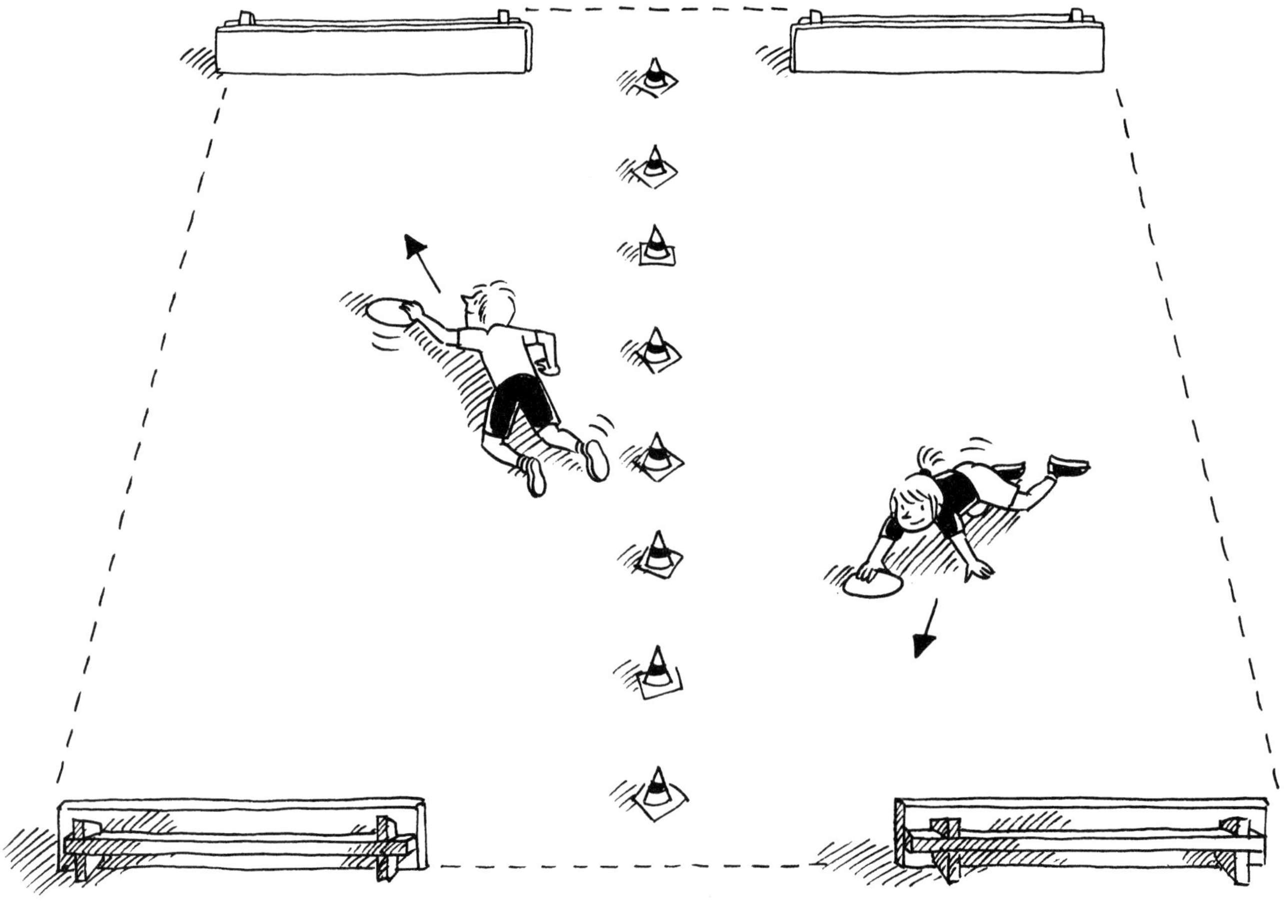

Friskey-Regeln

Es wird in zwei Mannschaften auf zwei „umgekippte“ Bänke gespielt.

Ein Tor wird erzielt, wenn die Scheibe die Sitzfläche der gegnerischen Bank berührt.

Die Scheibe darf nur mit der Hand gespielt werden. Nur der Torwart darf die Scheibe auch mit anderen Körperteilen berühren.

Die Scheibe darf nur mittels Passen transportiert werden, d. h., der Scheibenbesitzer darf nicht mit der Scheibe „dribbeln“.

Absichtlicher Körperkontakt ist nicht erlaubt. Zum Scheibenbesitzer ist immer ein Abstand von 1 m einzuhalten.

Die Scheibe muss immer mit der offenen Seite auf dem Boden gespielt werden. Der Scheibenbesitzer darf die Scheibe vor einem Pass entsprechend umdrehen.

Bei Regelverstößen geht der Scheibenbesitz an die gegnerische Mannschaft.

Reif für die Insel – Inselball

Darum geht's

Bei diesem Abwurfspiel spielen drei Mannschaften gegeneinander. Wer getroffen worden ist, muss sich auf seine Insel zurückziehen. Wenn er es schafft, von dort einen Gegner abzuwerfen, darf er ins Spiel zurückkehren. – Doch wohin legt man seine Insel strategisch am besten?

Zielkompetenzen

Die Schüler können …

- das Spiel fair, teamorientiert und sicherheitsbewusst miteinander spielen.
- grundlegende, spielübergreifende, technisch-koordinative Fertigkeiten und taktisch-kognitive Fähigkeiten situationsgerecht anwenden.

Material	*Anzahl*
Softbälle	3–6
kleine Turnmatten	3
Leibchen/ Parteibänder in 3 Farben	pro Farbe $^{1}/_{3}$ der Klassenstärke

Vorbereitung

Halten Sie die benötigten Materialien/Geräte bereit.

Stundenverlauf

Aufwärmphase

ca. 5 Minuten

Bestimmen Sie drei Fänger und geben Sie diesen je ein Markierungsband in einer anderen Farbe. Alle anderen Schüler sind Läufer. Wer im Spiel von den Fängern abgeklatscht wird, muss sich ein Markierungsbändchen von der Lehrperson abholen und wird ebenfalls zum Fänger. Auf diese Weise können Sie während des Aufwärmspiels bereits die Teams für das Spiel „Inselball" bilden. Wenn alle Läufer gefangen und mit einem Parteiband versehen worden sind, holen Sie die Klasse zusammen und erklären das nun folgende Spiel „Inselball".

Inselball – Spielphase I

ca. 15 Minuten

Jede der drei Mannschaften bekommt eine kleine Turnmatte und einen Softball. Jede Mannschaft bestimmt vor Beginn des Spiels, wo sie innerhalb der Halle ihre Matte (= Insel) platziert. Alle Schüler können sich in der Halle frei verteilen. Jeweils ein Spieler einer Mannschaft hat zu Beginn einen Softball. Sobald das Spiel läuft, darf jedoch jeder, der im Ballbesitz ist, jeden Ball werfen. Das Spiel startet auf Ihr Kommando. Ziel ist es, die Spieler der gegnerischen Mannschaften abzuwerfen. Wird ein Spieler abgeworfen, muss er sich auf die eigene Insel begeben. Schafft es ein Mitspieler, ihm einen Ball zuzuwerfen, oder gelingt es ihm, einen Ball aus dem Spiel, auf der Matte stehend, abzufangen, kann er versuchen, von der Matte aus einen Spieler einer gegnerischen Mannschaft abzuwerfen. Gelingt es ihm, darf er die Matte wieder verlassen und sich wieder ins Spiel begeben. Wenn zwei Mannschaften mit allen ihren Spielern auf den eigenen Matten stehen, ist das Spiel vorbei und die Mannschaft mit noch freien Spielern gewinnt.

Inselball – Spielphase II

ca. 10 Minuten

In einer kurzen Besprechungsphase werden eventuelle Regelunklarheiten besprochen. Dann überlegen die Mannschaften, ob sie ihre Matten an einem anderen Ort positionieren wollen. Nachdem alle Mannschaften ihre Matten (neu) platziert haben, wird ein zweiter Durchgang gespielt. Wollen Sie diesen Durchgang noch weiter variieren, können Sie die Anzahl der Spielbälle verändern und z. B. sechs statt drei Bälle ins Spiel bringen (zwei pro Mannschaft).

Reflexionsphase

ca. 5 Minuten

Beginnen Sie die Reflexion mit folgender Frage:
„Wo lag eure Matte am besten und warum?"

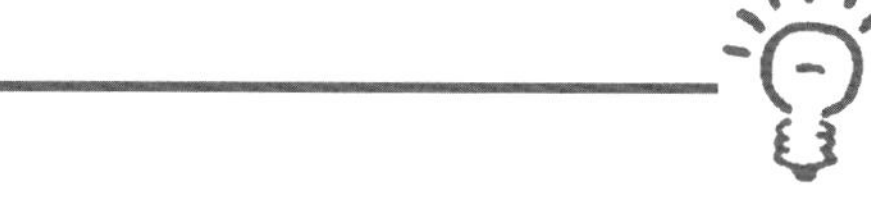

Tipps

Klären Sie vor Spielbeginn ...

- was bei einem gefangenen Abwurfversuch passiert,
- wie lange ein Ball gehalten werden darf,
- wie viele Schritte man mit Ball machen darf und
- ob „Kopftreffer" zählen.

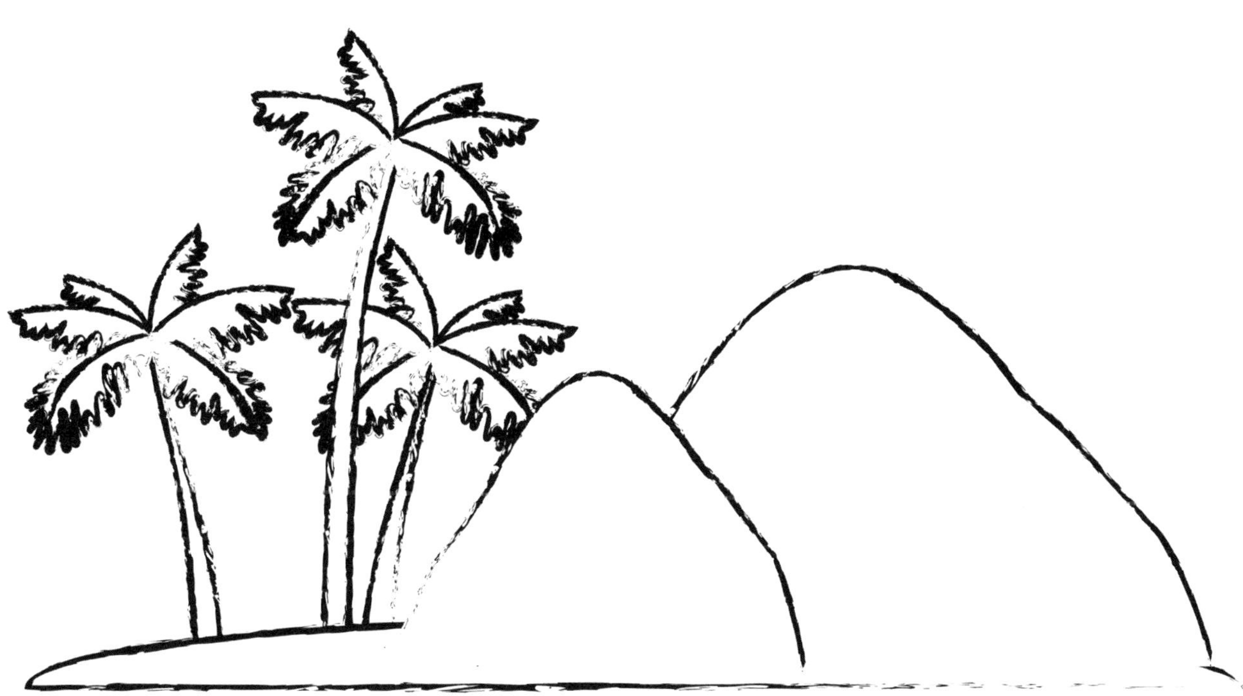

Hühnerball total – Wer jagt hier wen?

Darum geht's

Das beliebte Spiel Hühnerball erscheint hier in einem neuen Gewand und wird mit vier Mannschaften gleichzeitig gespielt. Die Spielrichtung und der Gegner kann sich jeden Moment ändern, daher sind Aufmerksamkeit und Umstellungsfähigkeit gefragt!

Zielkompetenzen

Die Schüler können ...
- ihre kognitive Flexibilität trainieren.
- grundlegende taktisch-kognitive Fähigkeiten in spielerisch-situationsorientierten Handlungen anwenden.

Material	*Anzahl*
Softbälle in verschiedenen Farben	2–4
Markierungshütchen/ Pylonen	8
Leibchen/ Parteibänder in 4 Farben	pro Farbe $^{1}/_{4}$ der Klassenstärke
Langbänke	4

Vorbereitung

Halten Sie die benötigten Materialien bereit.

Stundenverlauf

Teameinteilung und Aufbauphase

ca. 10 Minuten
Alle Schüler stellen sich in einer Reihe an der Mitellinie des Volleyballfeldes auf, wobei sich je zwei Schüler gegenüberstehen. Die Schülerpaare spielen „Stein, Schere, Papier". Die Sieger treffen sich an einer Angriffslinie des Volleyballfeldes, die Verlierer an der anderen. Es finden sich neue Spielpaare, die wiederum „Stein, Schere, Papier" spielen. Die Verlierer bleiben diesmal auf den Angriffslinien stehen, die Gewinner gehen weiter zu den Grundlinien des Volleyballfeldes. Die so entstandenen vier Mannschaften holen jeweils eine Langbank und stellen diese sternförmig in die Mitte der Halle (siehe Skizze S. 45). Verteilen Sie die Markierungshütchen entsprechend der Skizze und teilen Sie die Parteibänder an die Mannschaften aus.

Hühnerball – Spielphase

ca. 20 Minuten
Erkären Sie den Schülern, in welchem Feld sie starten sowie welche Bank zu welchem Feld gehört, und erläutern Sie die Regeln des Spiels Hühnerball: Die Mannschaften versuchen, mit ihrem Ball jemanden aus der gegnerischen Mannschaft abzutreffen. Bei einem Treffer muss sich der getroffene Spieler auf die Bank seiner Mannschaft setzen. Danach ist wieder die andere Mannschaft dran und versucht, ebenfalls einen der Gegner abzutreffen. Wenn ein Spieler einen Wurf der gegnerischen Manschaft fängt, darf der vorderste Spieler auf der Bank seiner Mannschaft wieder ins Spiel zurückkehren.
Ziel des Spiels ist es, alle Spieler der gegnerischen Mannschaft abzuwerfen. Wenn sich kein Spieler einer Mannschaft mehr auf dem Feld befindet, hat die andere Mannschaft gewonnen.
Sagen Sie an, welche beiden Mannschaften jeweils zuerst gegeneinander spielen und mit welchem Ball gespielt wird (z. B. Mannschaft 1 gegen Mannschaft 4 mit dem blauen Ball und Mannschaft 2 gegen Mannschaft 3 mit dem weißen Ball).
Vereinbaren Sie ein akustisches Signal, auf welches hin das Spiel kurzzeitig gestoppt wird und eine neue Spielrichtung sowie der Spielball angesagt werden (z. B. Mannschaft 1 gegen Mannschaft 2 → blauer Ball; Mannschaft 3 gegen Mannschaft 4 → weißer Ball bzw. Mannschaft 1 gegen Mannschaft 3 → blauer Ball und Mannschaft 2 gegen Mannschaft 4 → weißer Ball).
Das Spiel wird wieder gestartet.

Sollte die Klasse die Wechsel schnell sehr gut beherrschen oder sollten Sie das Spiel mehrmals spielen wollen, führen Sie weitere Änderungen ein, z. B. nach dem Signal …

- darf nur noch mit der schwachen Hand geworfen werden,
- wechseln die Mannschaften das Feld im/gegen den Uhrzeigersinn,
- wird die Zahl der Bälle erhöht,
- dürfen nur die Mädchen/Jungen werfen/fangen,
- spielen kurzzeitig drei Mannschaften gegen eine,
- müssen alle abgeworfenen Spieler einer Mannschaft mit denen im Feld tauschen.

Je nach Klasse können auch mehrere Signale vereinbart werden, sodass die Schüler lernen, auf das jeweilige Signal zu reagieren (z. B. Pfiff = anderer Gegner, Sie heben den Arm = schwache Hand, Musik startet = nur Jungen dürfen fangen).

Reflexionsphase

ca. 5 Minuten

Leiten Sie die Reflexion mit folgenden Fragen ein:

- *„Worin liegen bei unserer Variante die Unterschiede gegenüber dem ‚normalen' Hühnerball?"*
- *„Welche Fähigkeiten werden speziell bei dieser Variante benötigt?"*

Tipp

Lassen Sie die Schüler eigene Varianten von Hühnerball erfinden, um das Spiel abwechslungsreich zu gestalten.

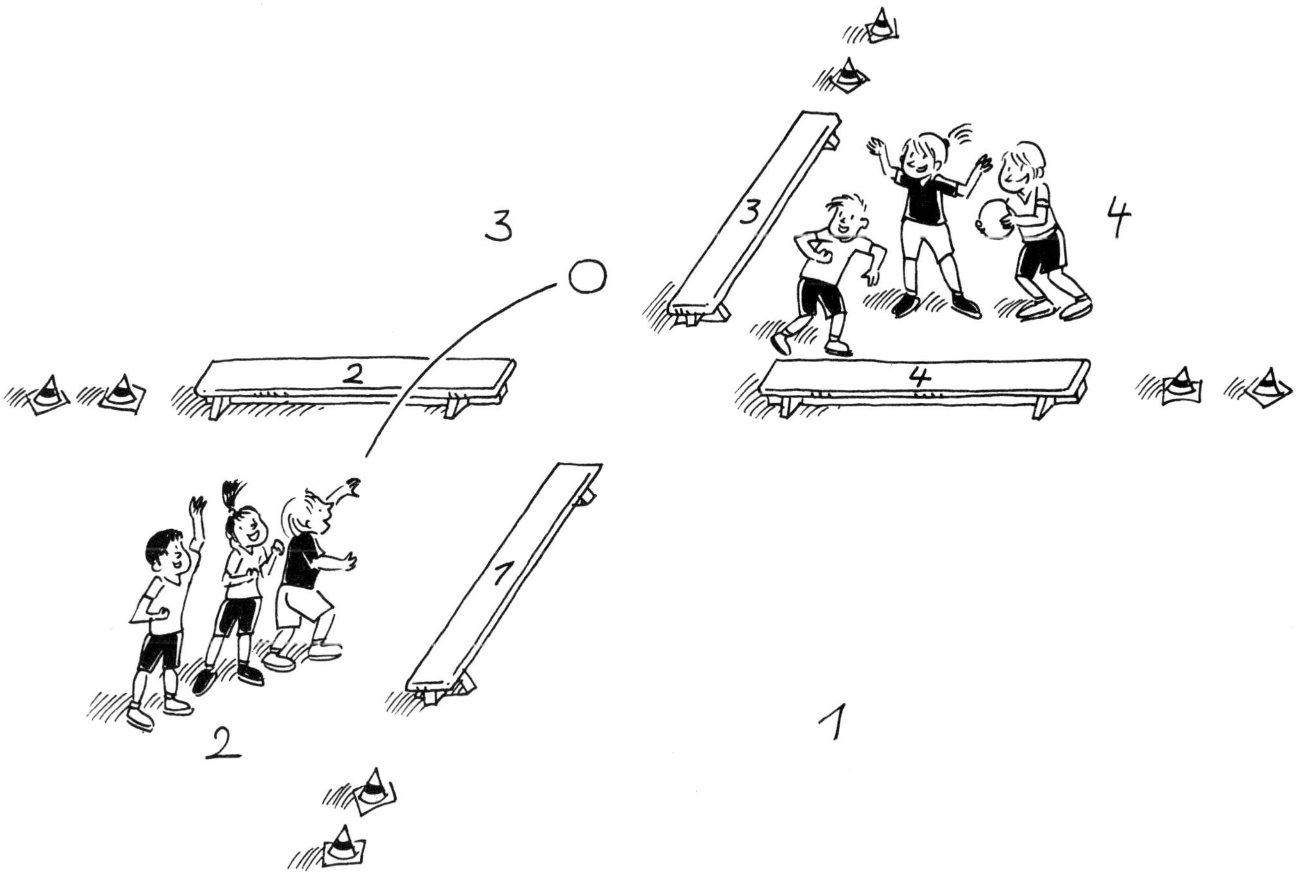

Laufen, Springen, Werfen – Leichtathletik

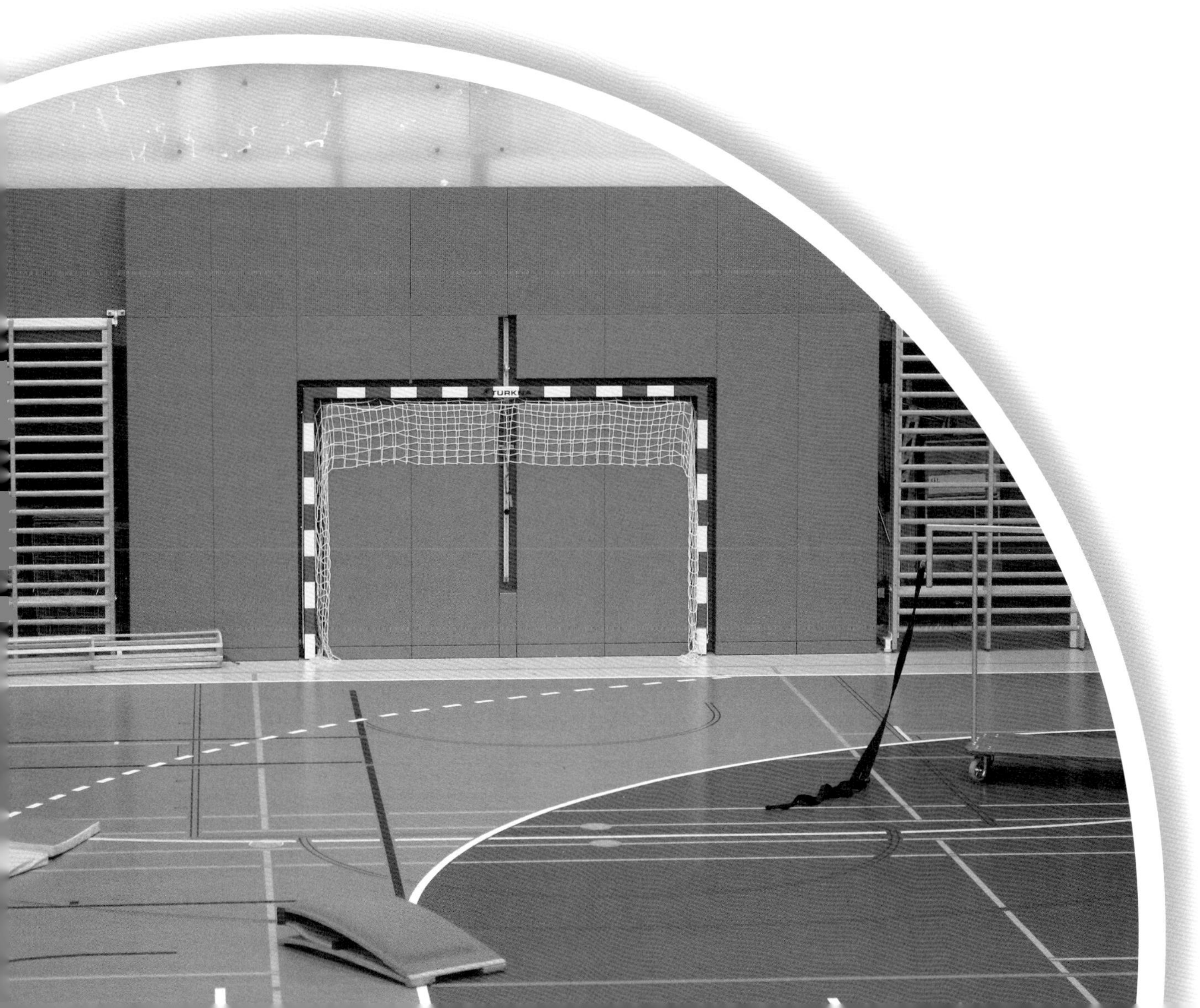

Sprinten wie die Tiere – differenzielles Sprinttraining

Darum geht's

Der Sportwissenschaftler Prof. Dr. Wolfgang Schöllhorn stellte im Jahr 1999 eine alternative Trainingsmethode vor: Anstatt eine Technik durch dauernde Wiederholungen zu automatisieren und dabei ggf. auftretende Fehler beständig zu korrigieren, sprach Schöllhorn sich dafür aus, das Training sehr variantenreich zu gestalten. Auf diese Weise trug er dem Umstand Rechnung, dass Schwankungen und „Fehler" in Bewegungsabläufen nicht zu vermeiden sind. Sie werden bei Schöllhorn stattdessen zum Bestandteil der Übungen gemacht. Angelehnt an dieses sogenannte „Differenzielle Training" führen die Schüler in dieser Unterrichtseinheit verschiedene Sprints über eine kurze Distanz aus. Sie sammeln dabei viele unterschiedliche Bewegungserfahrungen und erhalten auf diese Weise Hilfen zur Entwicklung ihrer individuellen Sprinttechnik.

Zielkompetenzen

Die Schüler können …

- grundlegende technisch-koordinative Fertigkeiten (Lauf) ausführen und in Variationen anwenden.
- leichtathletische Disziplinen (Sprint) auf grundlegendem Fertigkeitsniveau individuell ausführen.

Material	*Anzahl*
Markierungshütchen/ Pylonen	7

Vorbereitung

Stellen Sie die Hütchen zur Markierung auf (siehe Skizze rechte Spalte).

Stundenverlauf

Aufwärmspiel: Schattenlaufen

ca. 5 Minuten

Die Schüler gehen paarweise durch die Halle. Der ältere der beiden Schüler läuft vorne weg. Sein Partner läuft hinter ihm her und macht die gleichen Übungen/Bewegungen nach wie sein Vordermann. Nach der Hälfte der Zeit geben Sie das Zeichen zum Wechseln. Dann läuft der Jüngere vorne weg.

Hauptphase

ca. 15 Minuten

Stellen Sie die Klasse in vier bis fünf Riegen an der Grundlinie der Hallenwand auf. Sie selbst stehen in ca. 15 m Entfernung vor den Schülern und rufen ihnen jeweils eine Bewegungsaufgabe zu. Die ersten Schüler der Riegen sprinten entsprechend bis auf ihre Höhe, laufen dann außen herum zurück und stellen sich wieder in ihrer Riege an. Der Weg wird durch Hütchen markiert. Wenn alle Schüler einmal gelaufen sind, folgt die nächste Bewegungsaufgabe, z. B.:

Sprinte …

- so laut stampfend wie ein Elefant.
- so leise auftretend wie eine Katze.
- mit langen Armen wie ein Affe.
- mit großen Schritten wie ein Storch.
- mit kleinen Tippelschritten wie eine Maus.
- mit Springschritten wie ein Springbock.
- so aufgepustet wie ein Kugelfisch.
- mit eng anliegenden Armen wie ein Pinguin.

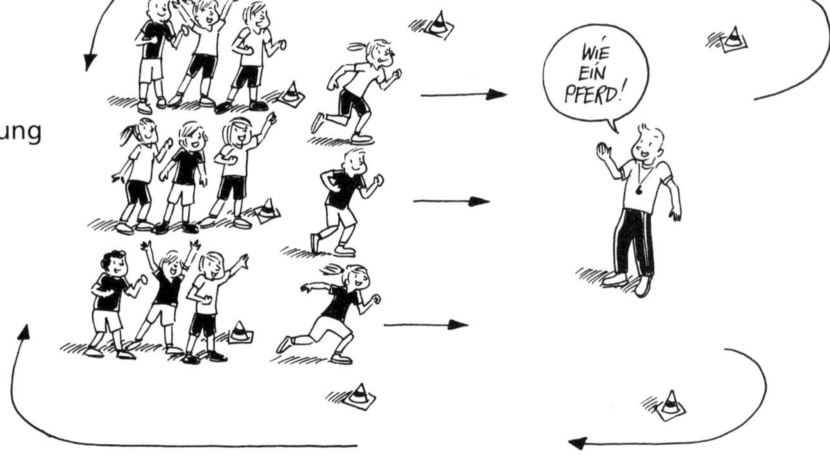

Reflexionsphase

ca. 5 Minuten
Alle Schüler kommen in den Sitzkreis zusammen. Moderieren Sie die Reflexionsrunde wie folgt:

- *„Ihr seid gerade ganz unterschiedlich gelaufen. – Berichtet mal, wie sich das angefühlt hat!"*
- *„Eure Aufgabe war es, so schnell wie möglich zu rennen. Mit welcher Laufart ist euch das besonders leichtgefallen?"*
- *„Habt ihr eine Idee, warum das so war?"*

Tipps

Achten Sie darauf, dass sich beim Abschlussspiel zwischen der Grundlinie und der Wand genügend Auslauf befindet.

Sollte es in der Klasse dunkelhäutige Kinder geben, benennen Sie das Abschlussspiel um, z. B. in „Grün und Rot".

Abschlussspiel: Schwarz und Weiß

ca. 10 Minuten
Die Paare aus dem Aufwärmspiel stellen sich an der Mittellinie des Volleyballfeldes so auf, dass sich die Linie zwischen den beiden Partnern befindet. Diejenigen Schüler, die jeweils rechts von der Linie stehen, sind „schwarz" und die anderen „weiß". Wählen Sie einen Standort in der Halle, von dem aus Sie jeder Schüler gut hören kann. Beginnen Sie das Spiel und rufen Sie z. B.: *„schwarz!"*. Die „schwarzen" Schüler müssen sich dann so schnell wie möglich umdrehen und zur Grundlinie rennen. Die „Weißen" müssen versuchen, ihre jeweiligen Partner zu fangen, bevor diese die Grundlinie erreichen. „Schwarz" gewinnt, wenn der Schüler die Grundlinie erreicht, ohne gefangen zu werden. „Weiß" gewinnt, wenn „Schwarz" vorher gefangen wurde. Anschließend stellen sich alle Schüler wieder entlang der Mittellinie auf und warten auf das nächste Signal. Rufen Sie diesmal *„Weiß!"*, sodass die „weißen" Schüler zu ihrer Grundlinie rennen müssen und den „schwarzen" ausweichen. Spielen Sie mehrere Runden des Spiels.

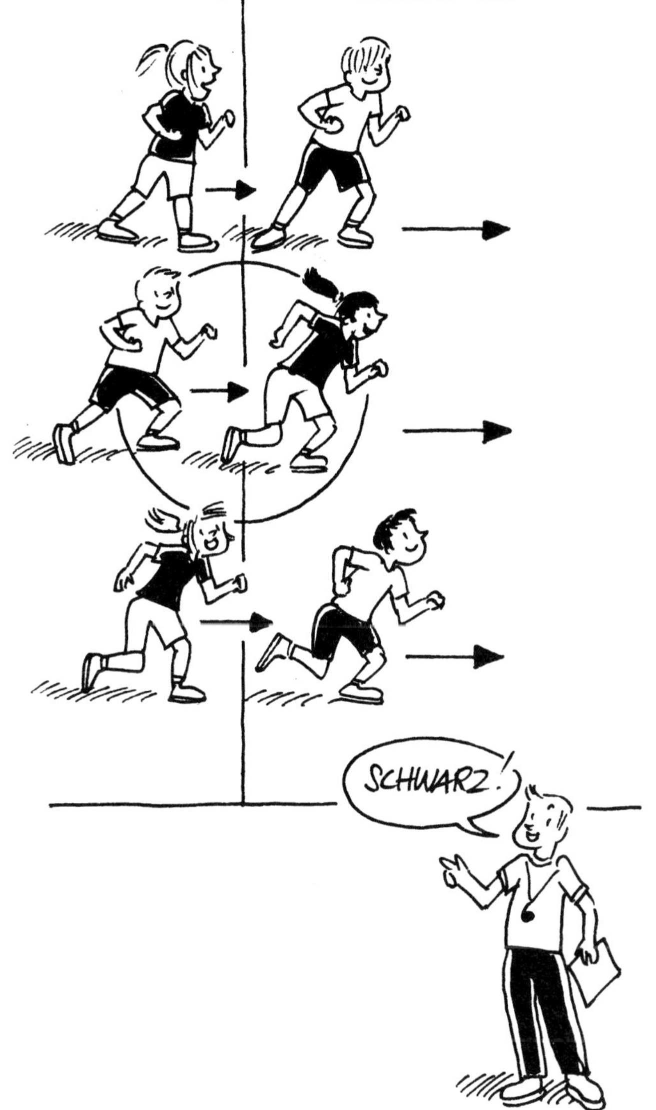

Variationen:

- beide Partner sitzen oder liegen in Bauch-/Rückenlage
- nach jedem Durchgang werden die Partner gewechselt („Weiß" rückt um einen Partner auf)
- Die beiden Partner spielen eine Runde „Schnick, Schnack, Schnuck". Der Verlierer muss weglaufen und der Gewinner versucht, den Verlierer zu fangen. Ihre Ansagen entfallen.

Supermarkt – Ein Kooperationslaufspiel zur Ausdauerförderung

Darum geht's

In dieser Stunde geht es darum, im Team gut zu kooperieren. Gemeinsam müssen sich die Schüler eines Teams eine Taktik überlegen, um zum Sieg zu gelangen und gleichzeitig zu verhindern, dass die anderen gewinnen. Dabei laufen die Schüler kreuz und quer durch die Halle und schulen nebenbei ihre aerobe Ausdauerfähigkeit.

Zielkompetenzen

Die Schüler können …

- beim Laufen eine Ausdauerleistung erbringen.
- ihre Leistungsfähigkeit (z. B. Anstrengungsbereitschaft, Koordination, Schnelligkeit, Ausdauer) gemäß den individuellen Leistungsvoraussetzungen in ausgewählten sportbezogenen Anforderungssituationen zeigen.

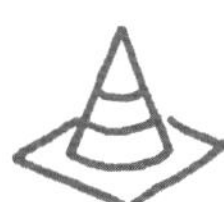

Material	Anzahl
kleine Turnkästen	8
Langkastenoberteil	1
kleine rote, gelbe, grüne und blaue Kunststoffbälle (z. B. aus einem Bällebad)	je 15 pro Farbe

Vorbereitung

Möchten Sie sich die Mannschaftswahl innerhalb der Hauptphase sparen, lohnt sich folgende Vorbereitung: Zählen Sie zu Beginn die bunten Bälle in Klassenstärke ab und verteilen Sie diese gleichmäßig unter den Schülern, sodass anhand der Ballfarbe vier gleichmäßige Teams entstehen.

Stundenverlauf

Koordinationsphase

ca. 13 Minuten

In dieser Phase sollen die Schüler Bälle auf unterschiedliche Art und Weise hochwerfen und wieder fangen (siehe Skizzen unten). Geben Sie jedem Schüler hierzu zwei Bälle. Alle Schüler stellen sich mit genügend Abstand zueinander innerhalb eines großen Kreises auf. Erklären Sie die erste Wurfübung und demonstrieren Sie diese. Stoppen Sie nach einer kurzen Übungsphase die Aufgabe und erklären Sie die nächste.

Varianten:

- Die Schüler halten in jeder Hand einen Ball. Die Bälle werden parallel mit beiden Händen gerade hochgeworfen und wieder mit den gleichen Händen gefangen.

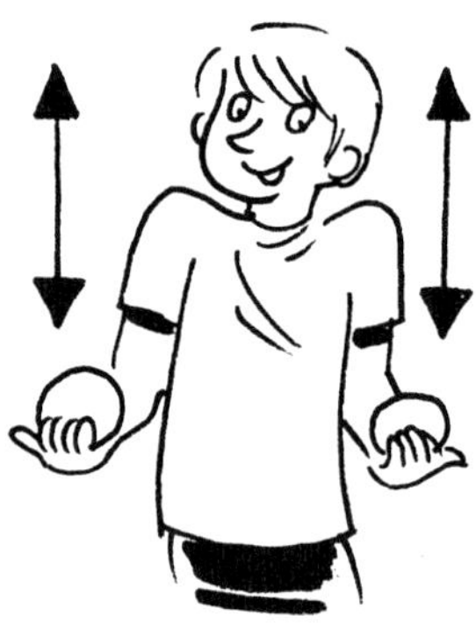

- Beide Bälle werden überkreuz hochgeworfen und gefangen.

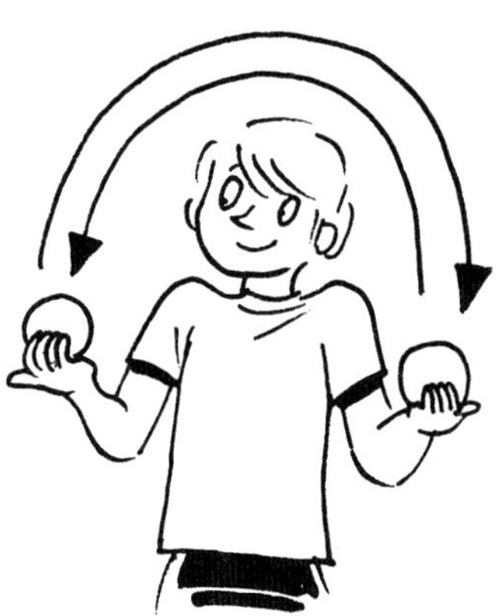

- Die Bälle werden hochgeworfen und nach einer Körperdrehung wieder in der Ausgangsposition gefangen.
- Die Bälle werden etwa in Brusthöhe gehalten. Die Hände lassen die Bälle gleichzeitig los und versuchen, sie wieder zu fangen, bevor sie auf dem Boden landen.

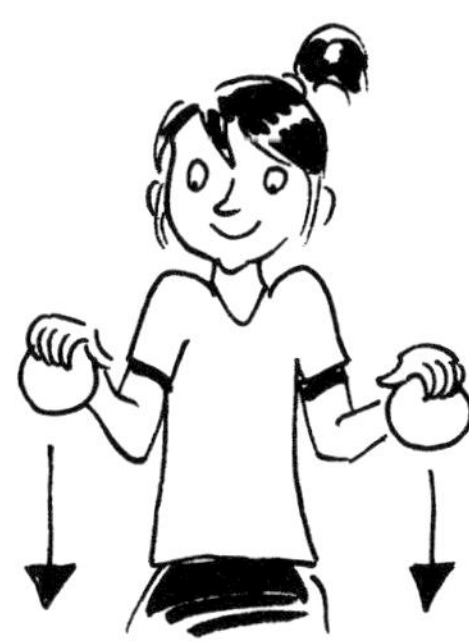

- Die Bälle werden wieder etwa in Brusthöhe gehalten und fallen gelassen. Jetzt werden aber beim Fangen die Arme gekreuzt, sodass die linke Hand den rechten Ball fängt und die rechte Hand den linken Ball.

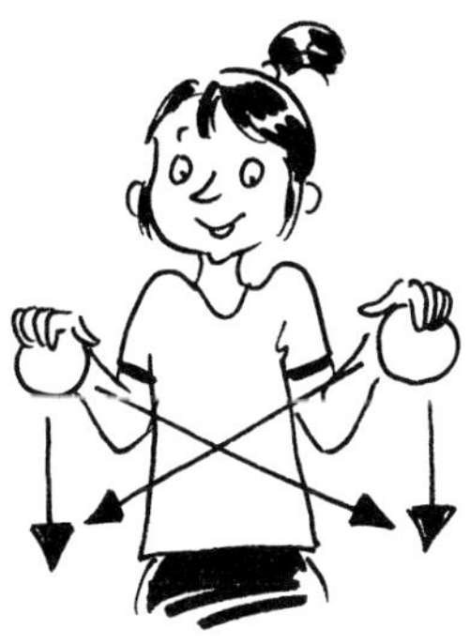

- Beide Bälle werden gerade hochgeworfen. Jetzt überkreuzen sich schnell die Arme, sodass die linke Hand den rechts hochgeworfenen Ball fangen kann. Entsprechend fängt die rechte Hand den linken Ball.

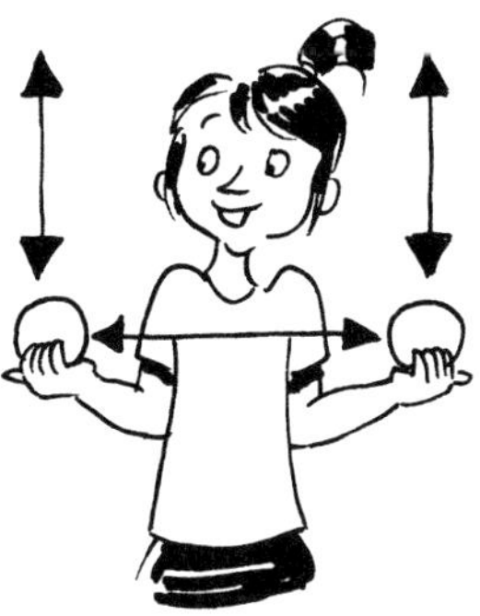

Hauptphase

ca. 20 Minuten

Teilen Sie die Klasse in vier Teams. (Möchten Sie hierbei Zeit sparen, verteilen Sie die Bälle zu Beginn der Unterrichtsstunde wie unter „Vorbereitung", S. 50 beschrieben.). Bauen Sie folgendes Spielfeld auf:
In jeder Ecke des Volleyballfeldes steht ein kleiner, umgedrehter Kasten. In der Mitte liegt ein umgedrehtes Langkastenoberteil. Legen Sie dort alle 60 Bälle hinein. Jede Mannschaft bekommt eine Ballfarbe und einen kleinen Kasten zugewiesen. Ziel des Spiels ist es, alle 15 Bälle der eigenen Farbe in den Mannschaftskasten zu befördern (siehe Skizze S. 52). Gleichzeitig soll verhindert werden, dass die übrigen Mannschaften gewinnen. Dazu können auch Bälle der gegnerischen Mannschaften aus dem Langkastenoberteil in die anderen Kästen getragen werden. Dadurch wird das Spiel taktisch herausfordernder.

Die Regeln für das Spiel lauten:

- Alle dürfen gleichzeitig laufen.
- Pro Gang darf man nur einen Ball tragen.
- Die Bälle dürfen nur getragen werden. (Werfen, schießen etc. ist nicht erlaubt.)
- Die Bälle dürfen in die Kästen nur gelegt werden.
- Man darf auch ein Ball der anderen Mannschaften (weg)tragen.
- Man darf auch (eigene oder fremde) Bälle in fremde Kästen legen.
- Man darf niemanden daran hindern, einen Ball aufzunehmen.
- Man darf niemanden beim Laufen behindern oder ihm während des Laufens den Ball entwenden.

Positionieren Sie, falls möglich, an jedem Kasten einen „inaktiven" Schüler als Schiedsrichter. Dieser kontrolliert die Einhaltung der Regeln und ruft laut, wenn die Mannschaft gewonnen hat. Spielen Sie mit den Schülern mehrere Runden. Geben Sie den Schülern jedoch vor jeder neuen Runde Zeit für eine kurze Teambesprechung. Das fördert die taktische Kooperation innerhalb der einzelnen Mannschaften. Geben Sie den Schülern, falls nötig, Taktik-Tipps:

- *„Einer kümmert sich nur darum, dass Mannschaft Blau nicht gewinnt."*
- *„Einer ist dafür zuständig, abwechselnd die Bälle der anderen Teams zu holen."*
- *„Einer verteilt die Bälle der anderen Teams auf die anderen Kästen." etc.*

Variation

Es müssen nicht alle Bälle zu Beginn in dem Langkasten liegen. Einige Bälle können sich auch schon in den kleinen Kästen befinden. Achten Sie dann jedoch darauf, dass die Bälle nicht bereits in den richtigen Mannschaftskisten liegen. Bei dieser Variante sollten nicht alle Schüler gleichzeitig in die Mitte rennen, sondern auch schon zu den übrigen Kisten ausschwärmen.

Abschluss

ca. 2 Minuten

Für jeden Sieg gibt es einen Punkt. Würdigen Sie am Ende der Stunde die Siegermannschaft mit einem großen Applaus. Die Mannschaft mit den wenigsten Punkten ist dagegen für den Abbau zuständig.

Tipps

Sie können für das Supermarktspiel auch andere Gegenstände benutzen: z. B. Seile, Keulen, Parteibänder, Taschentuchpäckchen o. Ä.

Es müssen nicht immer 15 Gegenstände sein. Mit der Anzahl der Gegenstände verändern Sie die Spieldauer der einzelnen Runden.

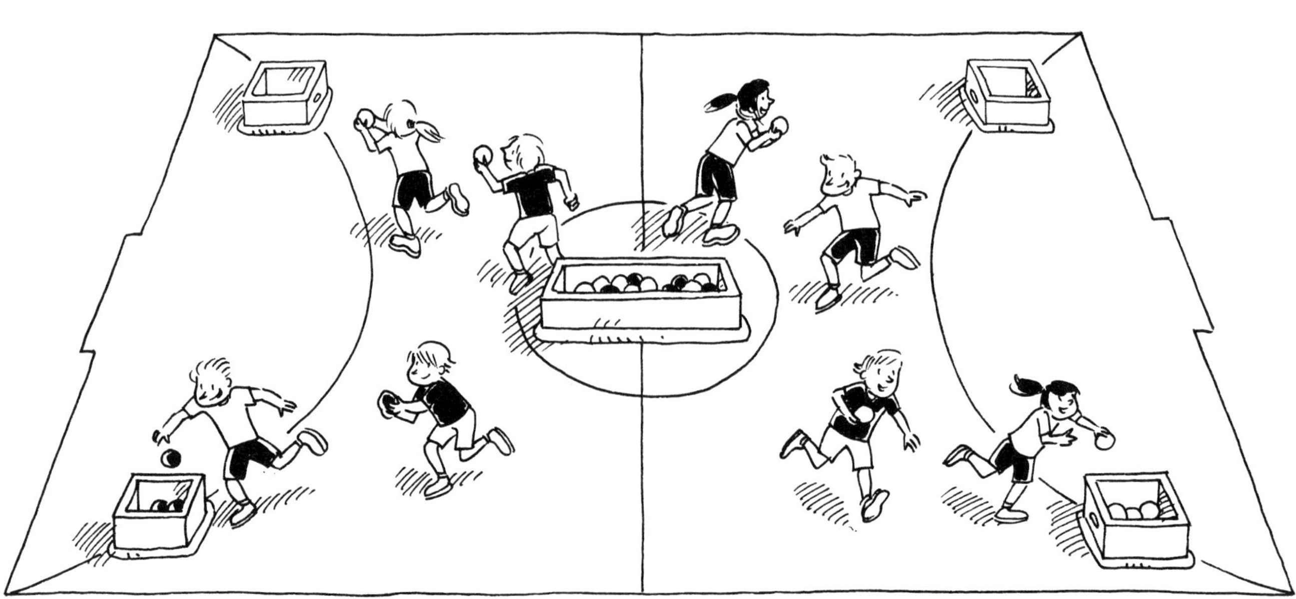

Brettwurf-Wettkampf – Werfen im „richtigen" Winkel

Darum geht's

In dieser Stunde trainieren die Schüler den richtigen Wurfwinkel beim Ballweitwurf. – Dies tun sie jedoch, ohne es explizit zu wissen. Gleichzeitig werden Teamfähigkeit und Fangen spielerisch geschult. Der Wettbewerbscharakter der Übungen sorgt zudem für ausreichend intensive Bewegung.

Zielkompetenzen

Die Schüler können ...

- die leichathletische Disziplin Ballwurf teamorientiert und spielbezogen ausführen.

Material	*Anzahl*
Tennisbälle	Klassensatz
Basketballkörbe (bzw. -bretter)	2
Markierungshütchen/ Pylonen	4–8
Kopiervorlage „Die ideale Flugphase beim Ballwurf"	1

Vorbereitung

Kopieren Sie die Kopiervorlage „Die ideale Flugphase beim Ballwurf" (→ S. 55) einmal ggf. vergrößert, um die Abbildung zu zeigen. Halten Sie weiterhin für jeden Schüler einen Tennisball bereit. Je nach Sporthalle sollten die Basketballkörbe jetzt schon ausgefahren und bei Bedarf die Abwurflinien für die Übungs- und Wettkampfphase bereits mit Markierungshütchen gekennzeichnet werden (siehe Skizze S. 54).

Stundenverlauf

Aufwärmphase

ca. 5 Minuten

Jeder Schüler bekommt einen Tennisball und sucht sich einen Platz in der Halle, von dem aus er den Tennisball gegen die Hallenwand werfen und wieder fangen kann. Achten Sie darauf, dass sich die Schüler so platzieren und sich solche Zielfelder an der Wand suchen, dass der Tennisball in einem Winkel von ungefähr 45 Grad gegen die Wand geworfen werden kann.

Übungsphase

ca. 10 Minuten

Teilen Sie die Klasse in vier gleich große Gruppen auf, jede Gruppe bekommt einen Tennisball. In Abhängigkeit von der Bretthöhe und der durchschnittlichen Größe der Schüler stellen sich die Schüler an einer markierten Abwurflinie so auf, dass sie ungefähr im 45 Grad Winkel nach oben werfen müssen, um das Basketballbrett rechts oder links vom Korb zu treffen. An jedem Basketballkorb bzw. -brett stehen zwei Gruppen (siehe Skizze S. 54) Sollte keine der vorhandenen Linien passen, kann der Abwurfpunkt durch ein Markierungshütchen gekennzeichnet werden.

Im ersten Durchgang werfen die Schüler den Ball so gegen das Brett, dass der jeweilige Werfer den Ball selbst wieder fangen kann. Dieser gibt den Ball dann an den nächsten in der Gruppe weiter, bis jeder 2- oder 3-mal geworfen und gefangen hat.

Die zweite Übung besteht darin, den Ball wie in der ersten Übung gegen das Basketballbrett zu werfen. Jedoch macht der Werfer nach dem Wurf sofort Platz, damit der nächste in der Gruppe den Ball fangen kann. (Dieser darf sich, sobald der Ball in der Luft ist, frei bewegen, um den Ball aus der Luft zu erwischen, muss aber, bevor er wiederum wirft, an die Abwurflinie zurückkehren). Der Werfer stellt sich nach dem Wurf sofort wieder hinten an. Nach ein paar Minuten können die Gruppen die Positionen am Brett bzw. am Korb tauschen.

Wettkampfphase

ca. 15 Minuten

Die vier Gruppen stellen sich in der gleichen Konstellation wie in der Übungsphase auf, zusätzlich werden jedoch nun vier Markierungshütchen im Mittelkreis bzw. in Nähe der Mittellinie aufgestellt (siehe Skizze unten). Die Werfer müssen nach ihrem Wurf zunächst um „ihr" Hütchen herumlaufen, bevor sie sich wieder in ihrer Gruppe hinten anstellen. Die Teams müssen versuchen, möglichst schnell 15 (oder ggf. auch 20) Punkte zu erreichen. Ein Punkt wird dann erzielt, wenn der vom Brett zurückprallende Ball vom nächsten Spieler der Gruppe aus der Luft gefangen wird. Jede Gruppe zählt ihre Punkte laut mit und setzt sich kollektiv hin, sobald die vorgegebene Zahl erreicht ist.

Je nach Zeitbedarf können Sie die Schüler mehrere Durchgänge spielen lassen, dabei können die Positionen der Gruppen im Raum getauscht werden. Eine mögliche Wertung pro Durchgang kann sich aus folgender Zählung ergeben: Die Sieger erhalten vier Punkte, die Zweiten drei, die Dritten zwei Punkte und die Vierten einen Punkt. Die Punkte werden dann nach jedem Durchgang addiert.

Reflexionsphase

ca. 5 Minuten

Würdigen Sie das Siegerteam angemessen. Im Abschlussgespräch stellen Sie den Bezug der Stunde zum Weitwerfen in der Leichtathletik her und machen den Schülern den optimalen Abwurfwinkel bewusst. Mögliche Leitfragen können sein:

- *„Was haben wir heute trainiert?"*
- *„Wie passt das in unser Thema Leichtathletik?"*
- *„Wie muss ich einen Ball werfen, damit er möglichst weit fliegt?" etc.*

(Hier können Sie die Skizze zur Visualisierung der Flugbahn zu Hilfe nehmen, siehe Kopiervorlage → S. 55)

Tipp

Inaktive Schüler können in der Wettkampfphase als Schiedsrichter eingesetzt werden und das korrekte Zählen der Punkte in einer Gruppe unterstützen.

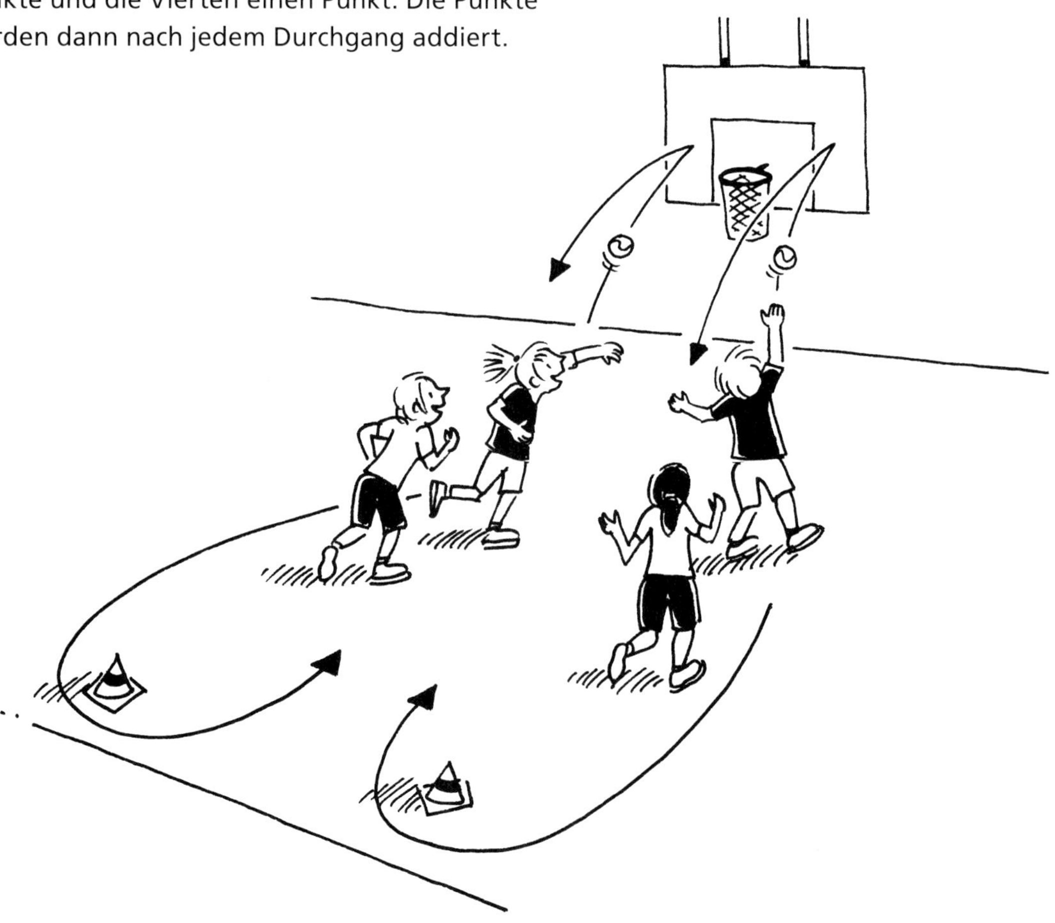

Die ideale Flugphase beim Ballwurf

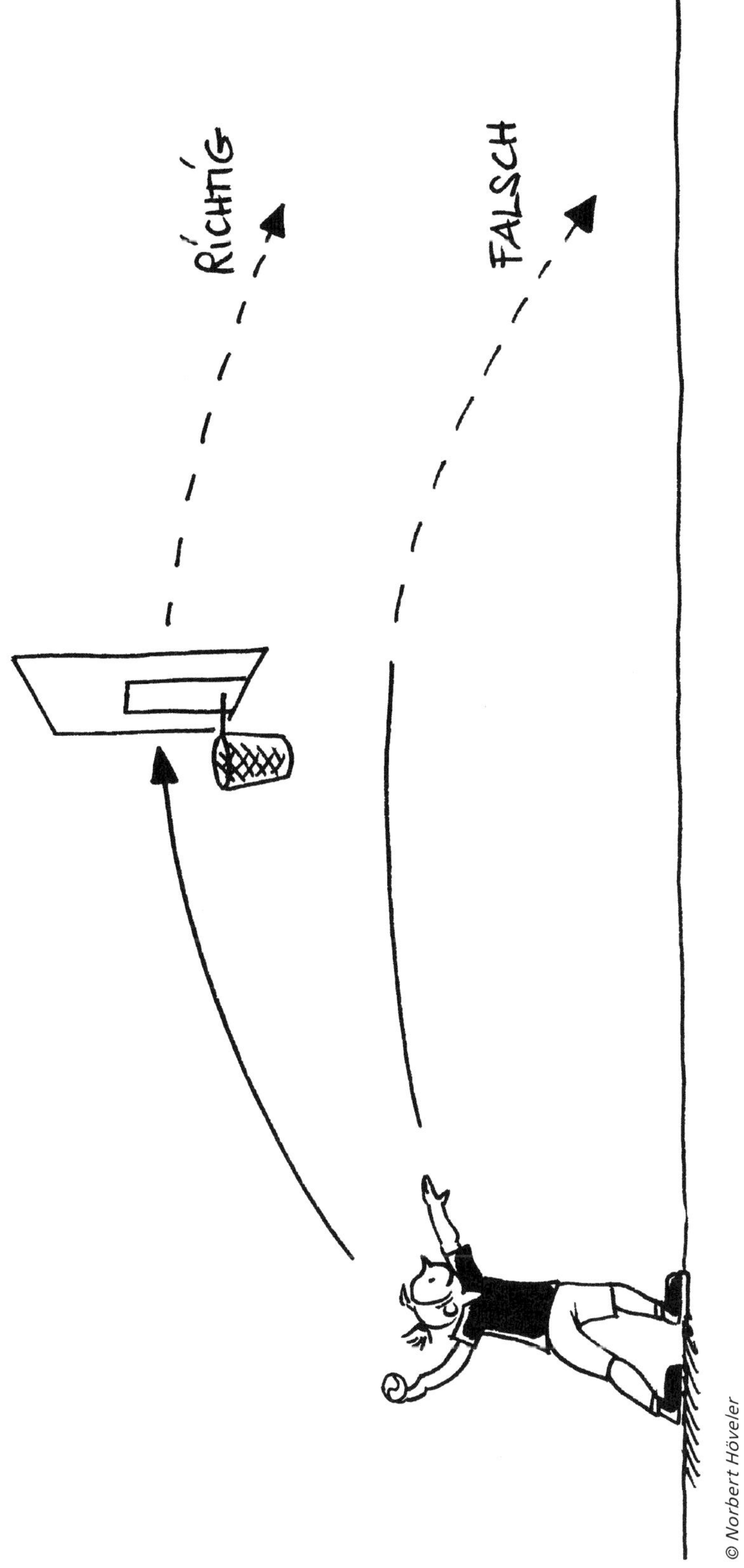

Was fliegt am besten? – Werfen mit verschiedenen Gegenständen

Darum geht's

In dieser Stunde werden die Schüler mit verschiedenen (Wurf-)Gegenständen konfrontiert. Sie sollen sich in Kleingruppen überlegen, welche davon wohl am besten für den Weitwurf geeignet sind. Anschließend verifizieren die Schüler ihre Einschätzungen durch Erproben und reflektieren diese.

Zielkompetenzen

Die Schüler können ...
- die Eignung der (Wurf-)Gegenstände für den Weitwurf beurteilen und beschreiben.
- das Werfen mit verschiedenen Gegenständen erproben und reflektieren.

Material	*Anzahl*
verschiedene (Wurf-) Geräte, z. B. Tennisbälle, Softbälle, Frisbees, Streichölzer, Indiacas, Federbälle etc.	jeweils 4–6
kleine Turnkästen	4–6
Soft-Frisbees	2–3
optional Streichhölzer	Klassensatz
Arbeitsblatt „Was fliegt am besten?"	für 4–6 Gruppen je eines
Stifte	4–6

Vorbereitung

Kopieren Sie das Arbeitsblatt „Was fliegt am besten?" (→ S. 58) in ausreichender Anzahl (pro Gruppe eines). Legen Sie die Wurfgeräte, je einen Stift und ein Arbeitsblatt für jede Gruppe in einem umgedrehten kleinen Kasten an einer Stirnseite der Halle bereit.

Stundenverlauf

Aufwärmphase

ca. 5 Minuten

Als Aufwärmspiel wird „Zombiefrisbee" gespielt. Die Regeln sind die gleichen wie beim Zombieball, als Spielgeräte dienen jedoch zwei oder drei Soft-Frisbees.

Reflexionsphase

ca. 10 Minuten

Nachdem die Schüler beim Auswärmspiel gemerkt haben, das ein anderes Spiel- bzw. Wurfgerät den Charakter eines Spieles deutlich verändern kann, sollen sie sich nun gruppenweise Gedanken machen, welche der vorhandenen Geräte am weitesten geworfen werden können. Teilen Sie dazu die Klasse in vier bis sechs Gruppen ein. Jede Gruppe soll im Folgenden die vorhandenen Geräte begutachten (aber nicht damit werfen!), ihr Ranking der vorgegebenen Gegenstände schriftlich auf dem Arbeitsblatt fixieren und begründen können, warum sie die Rangfolge so gewählt hat. Anschließend stellt jede Gruppe ihr Ergebnis den anderen Gruppen vor. Die anderen Gruppen können ihre abweichenden Ideen darstellen.

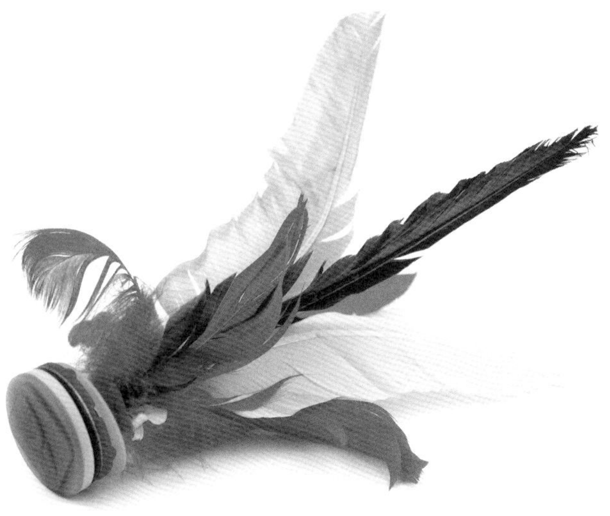

© Wichaiwish – Fotolia.com

Erprobungsphase

ca. 15 Minuten

Die Gruppen erproben die Gegenstände, indem jeder jedes Wurfgerät einmal wirft. Achten Sie darauf, dass alle Schüler immer in die gleiche Richtung werfen und die Gegenstände nach dem Wurf erst zurückgeholt werden, wenn alle Geräte geworfen wurden. Erst dann startet der nächste Durchgang. Optimal ist es, wenn die Größe der Gruppe der Anzahl der Wurfgeräte entspricht, sodass alle Schüler in jedem Durchgang werfen können.

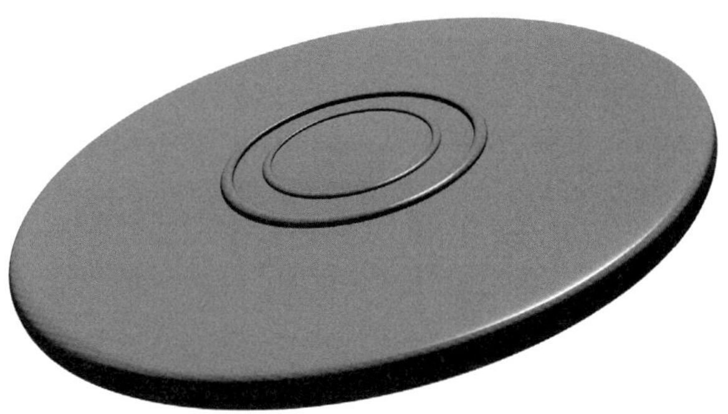

© cretolamna – Fotolia.com

Reflexionsphase

ca. 5 Minuten

Nachdem alle Gegenstände von allen erprobt wurden, setzen sich die Gruppen zusammen und beraten, ob sie ihre zu Beginn der Stunde erstellte Reihenfolge ändern wollen.
In einer Art „Galeriegang" betrachten die Schüler die – eventuell geänderten – Ergebnisse der anderen Gruppen. Mögliche Unterschiede werden mit der ganzen Klasse diskutiert.
Abschließend wird besprochen, welche Eigenschaften ein Gegenstand haben muss, damit man ihn möglichst weit werfen kann, und welche anderen Einflussfaktoren es gibt (z. B. Wurftechnik).

Tipp

Üben Sie das Werfen mit einem Streichholz im Vorfeld. Der Rekord liegt bei ca. 30 m! Der Rekordwurf mit einer Frisbee-Scheibe liegt dagegen bei ca. 200 m.

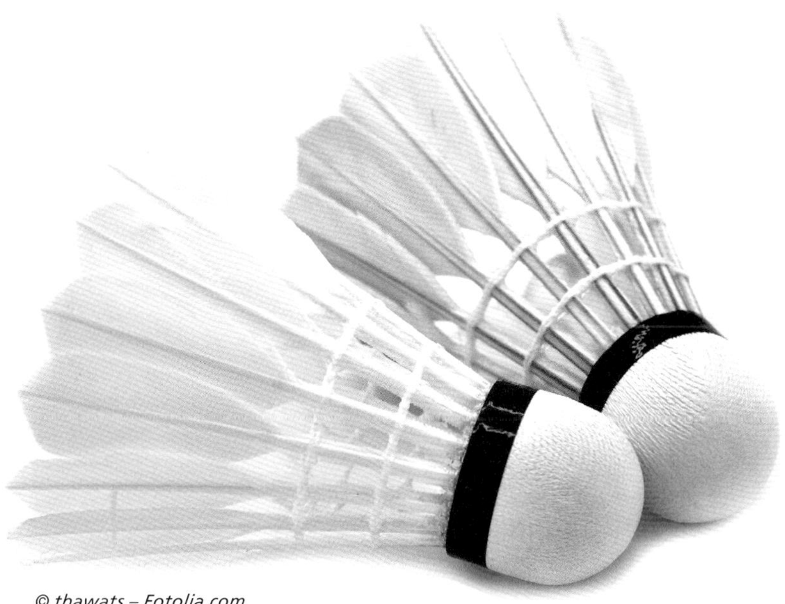

© thawats – Fotolia.com

Was fliegt am besten?

Aufgaben

1. **Welcher Gegenstand lässt sich eurer Meinung nach am weitesten werfen? Erstellt in eurer Gruppe eine Rangfolge. Beginnt die Rangfolge mit dem Gegenstand, der am weitesten fliegt.**

   Wichtig: Ihr dürft die Gegenstände (noch) nicht werfen!

   Rangfolge A:

   1. ....
   2. ....
   3. ....
   4. ....
   5. ....
   6. ....

© Wichaiwish – Fotolia.com

© thawats – Fotolia.com

2. **Testet nun die Gegenstände und erstellt anschließend erneut eine Rangfolge. Gibt es Änderungen zur Rangfolge A?**

   Wichtig: Wartet auf das Signal des Lehrers, bevor ihr loslegt!

   Rangfolge B:

   1. ....
   2. ....
   3. ....
   4. ....
   5. ....
   6. ....

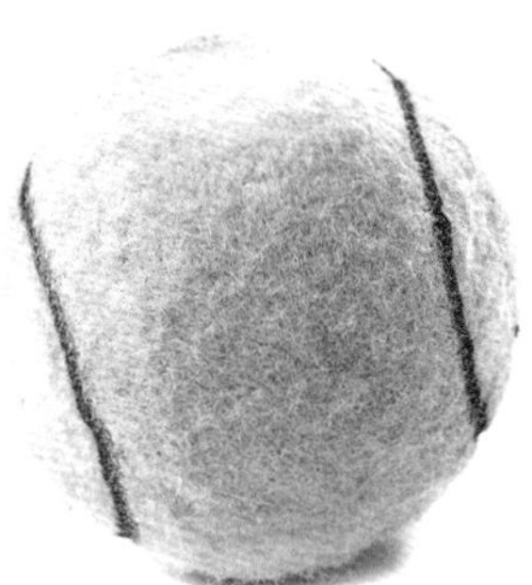

© pramot48 – Fotolia.com

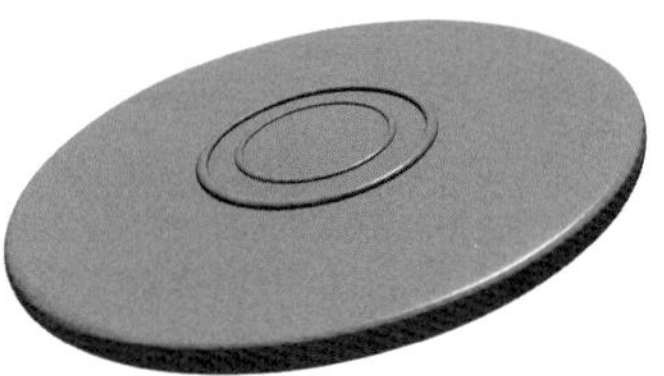

© cretolamna – Fotolia.com

  ISBN 978-3-8346-3933-2 | www.verlagruhr.de

Bewegung an Geräten – Turnen

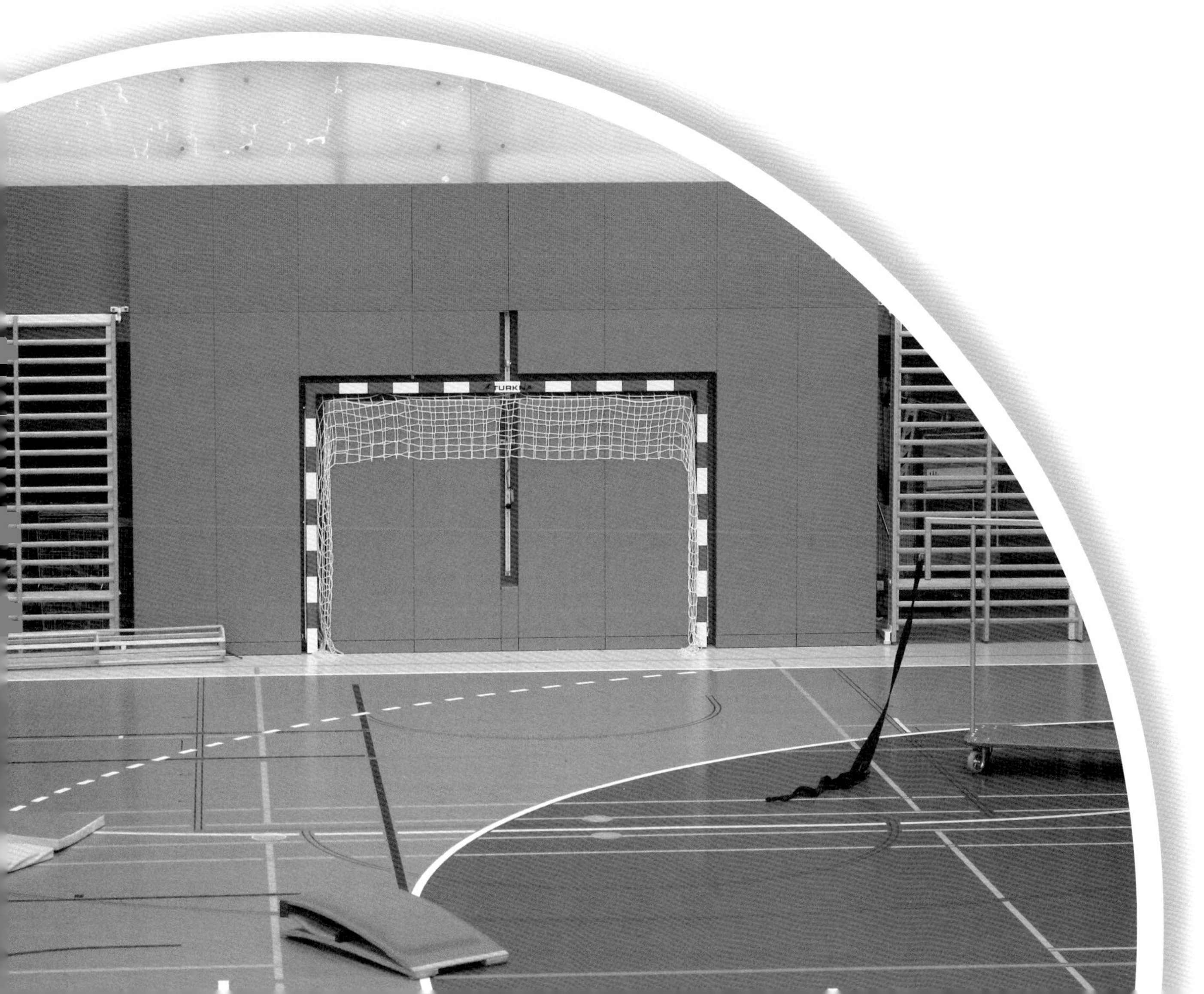

Die zukünftigen Seiltänzer – Balancieren an Stationen

Darum geht's

Die Schüler bauen mithilfe von Stationskarten verschiedene Übungen zum Balancieren auf. An diesen Stationen sollen sie eigenverantwortlich ihren Gleichgewichtssinn trainieren.

Zielkompetenzen

Die Schüler können …

- Geräte mithilfe von Bildkarten sicher transportieren und sachgerecht kooperativ auf- und abbauen.
- technisch-koordinative und ästhetisch-gestalterische Grundanforderungen (z. B. Balancieren) bewältigen.

Material	*Anzahl*
Sprungseile	ca. 12
möglichst alte, platte, unterschiedlich große Medizinbälle	ca. 8
Langbänke	2
Reckstangen	3
kleine Kästen	4
Trillerpfeife	1
kleine Turnmatten	5
Kopiervorlage „Balancieren an Stationen"	1 Stationskarte pro Station

Vorbereitung

Kopieren und laminieren Sie ggf. die Stationskarten „Balancieren an Stationen" (→ S. 62–66).

Stundenverlauf

Aufwärmspiel: Linienlaufen

ca. 5 Minuten

Alle Schüler laufen kreuz und quer durch die Halle, dürfen dabei aber nur auf den aufgezeichneten Linien laufen. Treffen sich zwei Schüler, dann müssen sie versuchen, aneinander vorbeizukommen. Dabei dürfen sie die Linien aber nicht verlassen bzw. nicht den Hallenboden berühren.

Aufbauphase

ca. 5 Minuten

Rufen Sie alle Schüler in den Mittelkreis zusammen und teilen Sie die Schüler in fünf Kleingruppen auf. Dabei ist es nicht wichtig, dass die Schülergruppen gleich groß sind. Jede Gruppe bekommt eine Stationskarte und die Aufgabe, die Station entsprechend aufzubauen. Geben Sie den Hinweis, dass Gruppen, die fertig sind, anderen helfen sollen. Erläutern Sie vor dem Aufbauen noch zwei Hinweise:

„Wenn eine Gruppe mit ihrem Aufbau fertig ist, holt ihr mich. Ich kontrolliere dann den Aufbau bzgl. der Sicherheit und gebe die Station zum Üben frei. Die Gruppe darf dann an dieser Station üben".

Tipps

Es wird Schüler geben, die schnell mit allen Stationen fertig sind. Solche Schüler neigen dann dazu, andere zu stören. Motivieren Sie diese Schüler und fordern Sie sie auf, die einzelnen Variationen auszuprobieren oder sich ggf. eigene Variationen zu überlegen.

Achten Sie bei der Wahl der Medizinbälle darauf, dass sie nicht zu leicht wegrollen können. Die Verletzungsgefahr ist sonst zu hoch. Am besten nehmen Sie alte, platte Bälle.

Hauptphase

ca. 20 Minuten

Nachdem alle Stationen aufgebaut worden sind und Sie die Stationen abgenommen haben, kommen alle Schüler kurz in der Mitte zusammen. Die Stationskarten sind so gestaltet, dass Sie sich eine gemeinsame Vorstellung der Stationen sparen können und auf diese Weise Zeit gewinnen. Die Schüler sollen nun selbstständig und eigenverantwortlich an den einzelnen Stationen üben und diese ausprobieren. Jede Übung beinhaltet verschiedene Schwierigkeitsstufen zur selbstständigen Differenzierung.

Während der Übungszeit gilt folgende Regel:
Pro Station balanciert immer nur ein Schüler!

Nach der freien Übungszeit geben Sie ein vereinbartes Signal zum Abbauen. Jede Gruppe baut ihre Station eigenständig wieder ab.

Reflexionsphase

ca. 5 Minuten

Alle Schüler finden sich nach dem Abbauen im Mittelkreis zu einem Gesprächskreis zusammen. Leiten Sie eine kurze Reflexionsphase mit diesen möglichen Impulsfragen ein:

- *„Welche Station war besonders einfach/schwer?"*
- *„Warum waren einige Stationen schwerer als andere?"*

Balancieren an Stationen

Station 1

Die Spinne

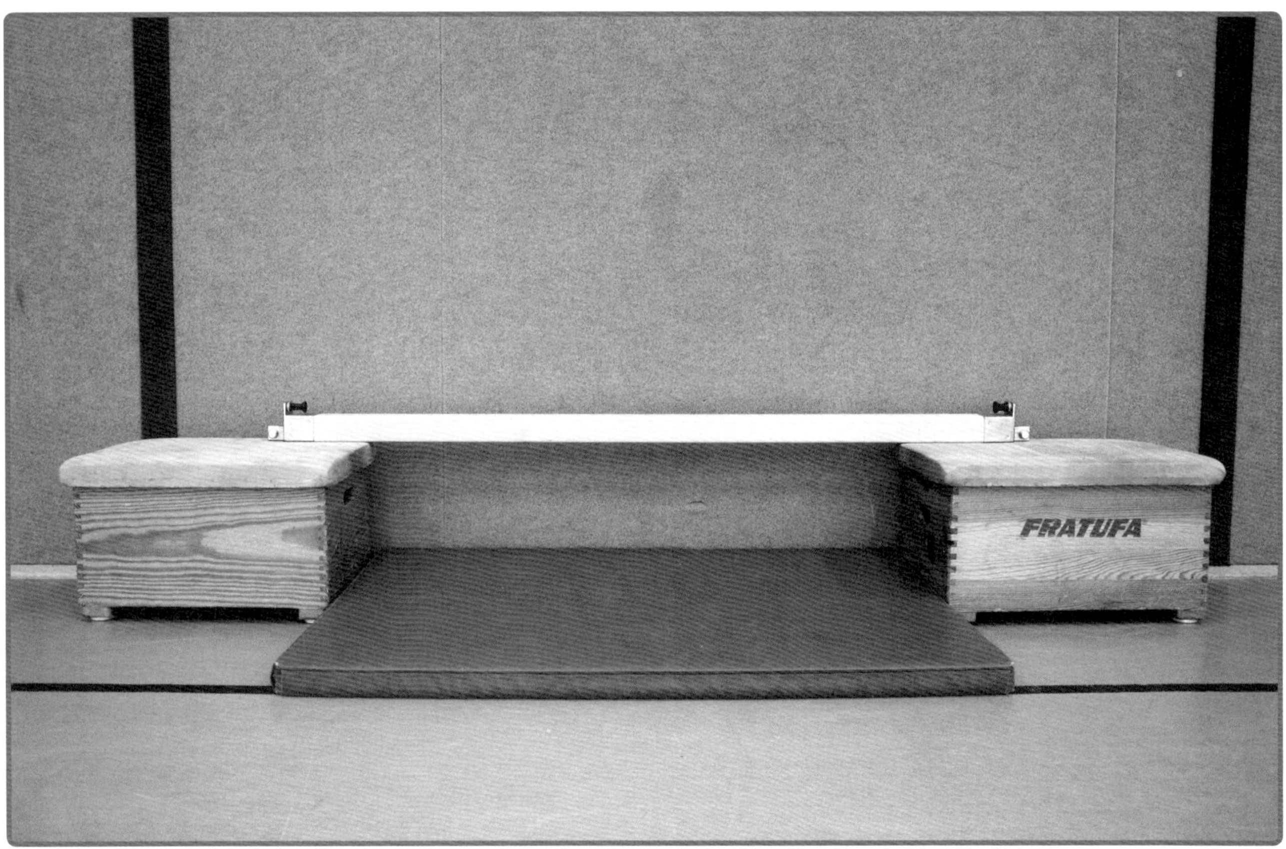

© Andreas Rausch, Heiko Ries

Material

- 2 kleine Kästen
- 1 Schwebebalken (oder Reckstange) liegt auf den Kästen, nahe an der Wand
- 1 kleine Matte

Aufgaben

1. **Balanciere mit dem Blick zur Wand.**
2. **Balanciere mit dem Blick zur Halle.**
3. **Balanciere mit dem Blick nach vorn.**
4. **Versuche, beim Balancieren die Wand nicht zu berühren.**

Balancieren an Stationen

Station 2
Das Schlangennest

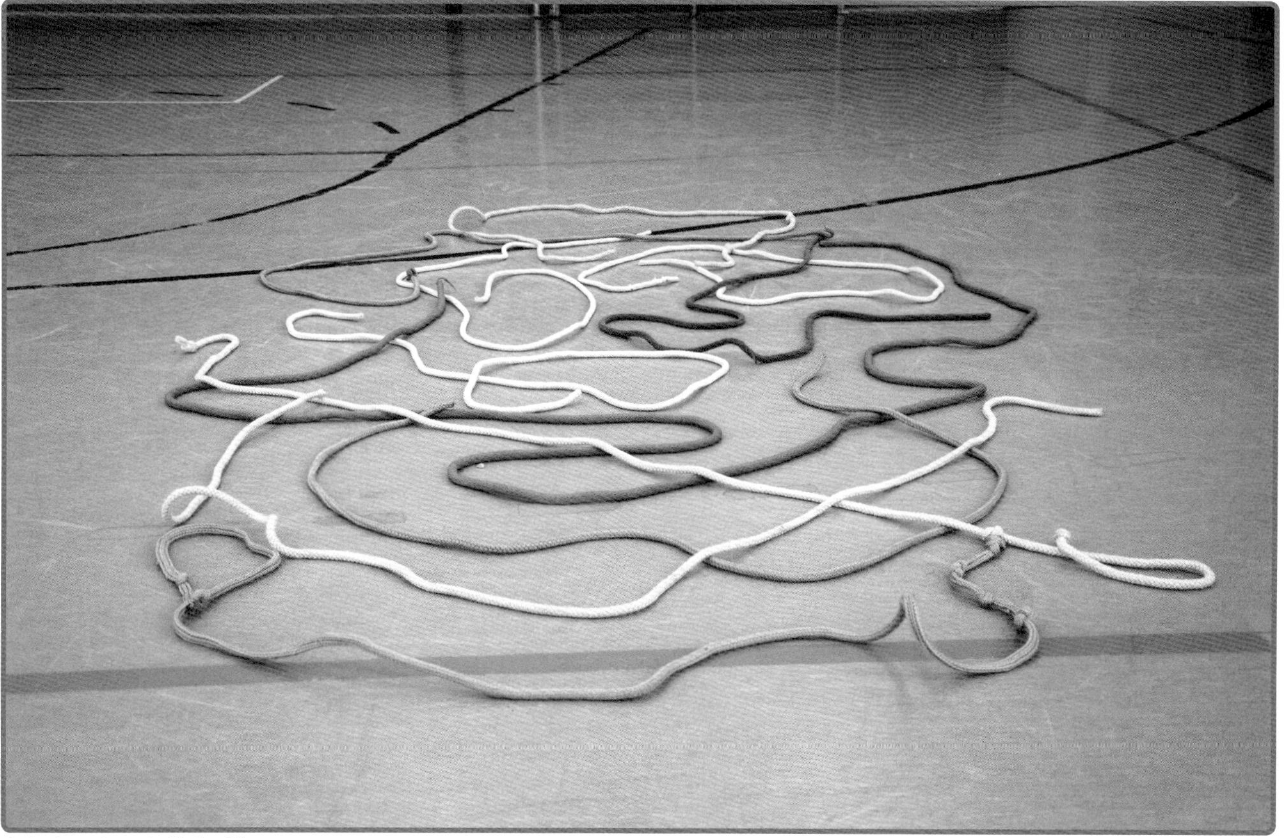

© Andreas Rausch, Heiko Ries

Material

ca. 12 Sprungseile

Aufgaben

1. **Gehe durch das Schlangennest, ohne auf eine schlafende Schlange (Seil) zu treten.**
2. **Gehe durch das Schlangennest und halte dabei deine Arme eng am Körper.**
3. **Gehe rückwärts durch das Schlangennest, ohne auf eine Schlange zu treten.**

Balancieren an Stationen

Station 3

Steine im Wasser

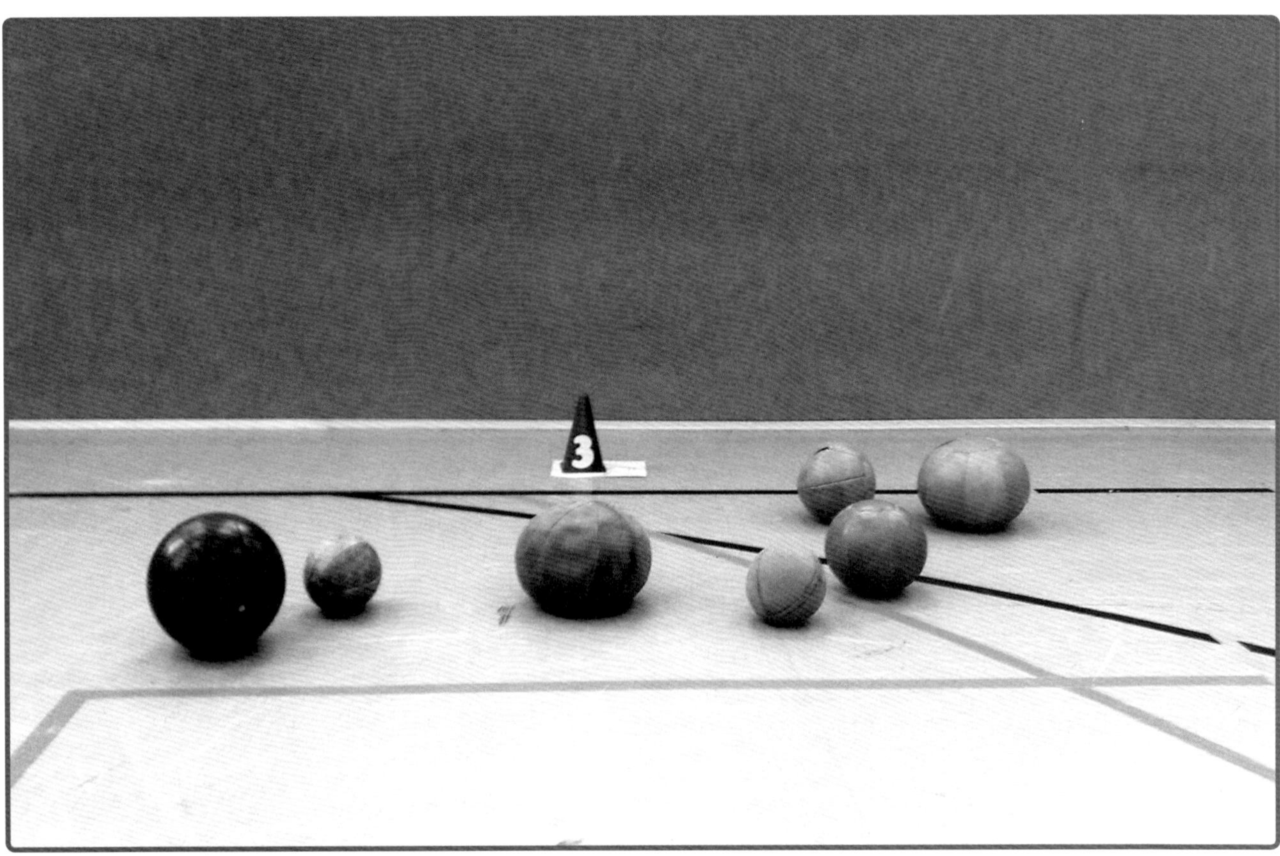

© Andreas Rausch, Heiko Ries

Material

8 unterschiedlich große Medizinbälle

Aufgaben

1. **Balanciere über die Bälle.**
2. **Verändere den Abstand der einzelnen Bälle, damit das Balancieren schwerer wird.**

Balancieren an Stationen

Station 4
Die Brücke

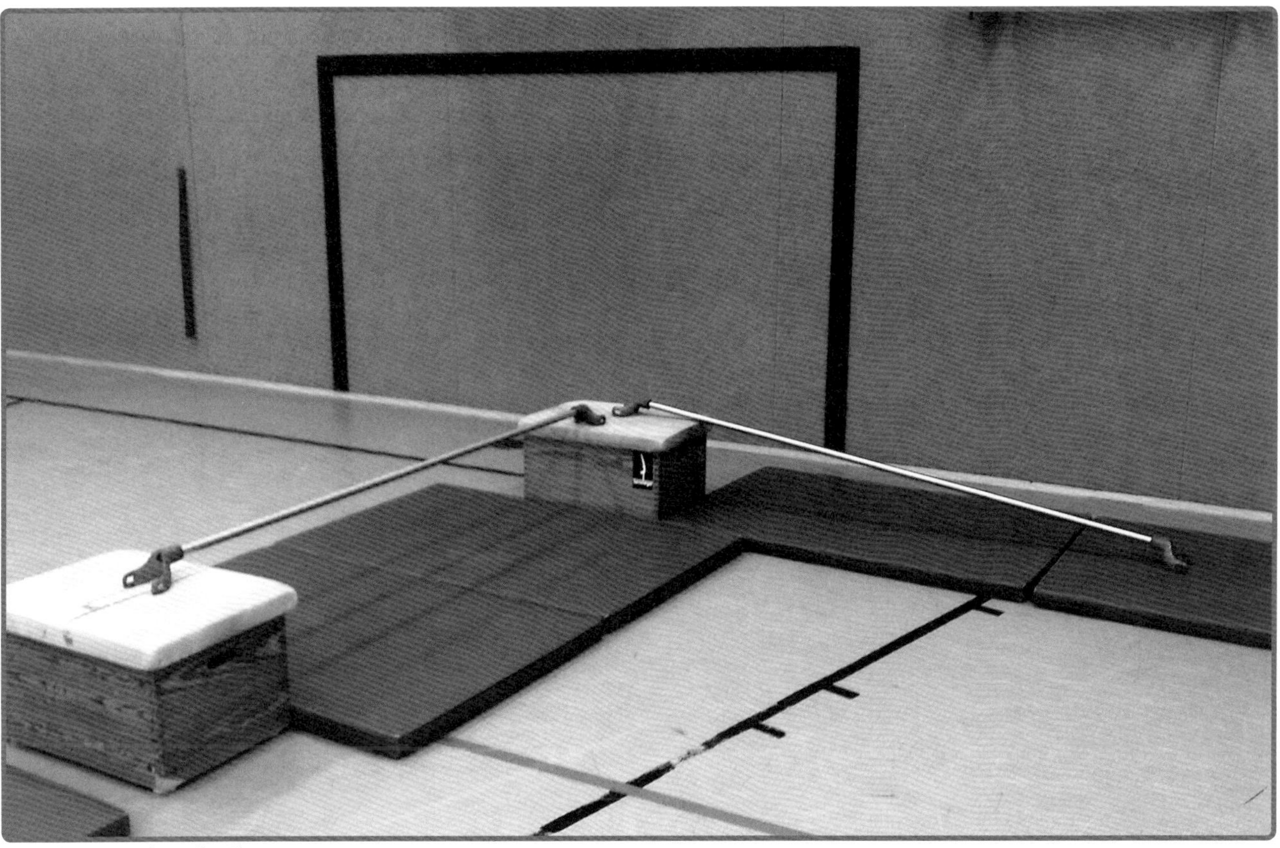

© Andreas Rausch, Heiko Ries

Material

- 2 kleine Kästen
- 2 Reckstangen
- 4 kleine Matten

Aufgaben

1. **Balanciere über die Reckstangen. Schaffst du es, ohne den Boden zu berühren?**
2. **Balanciere rückwärts über die Reckstangen.**

Balancieren an Stationen

Station 5
Die Bank

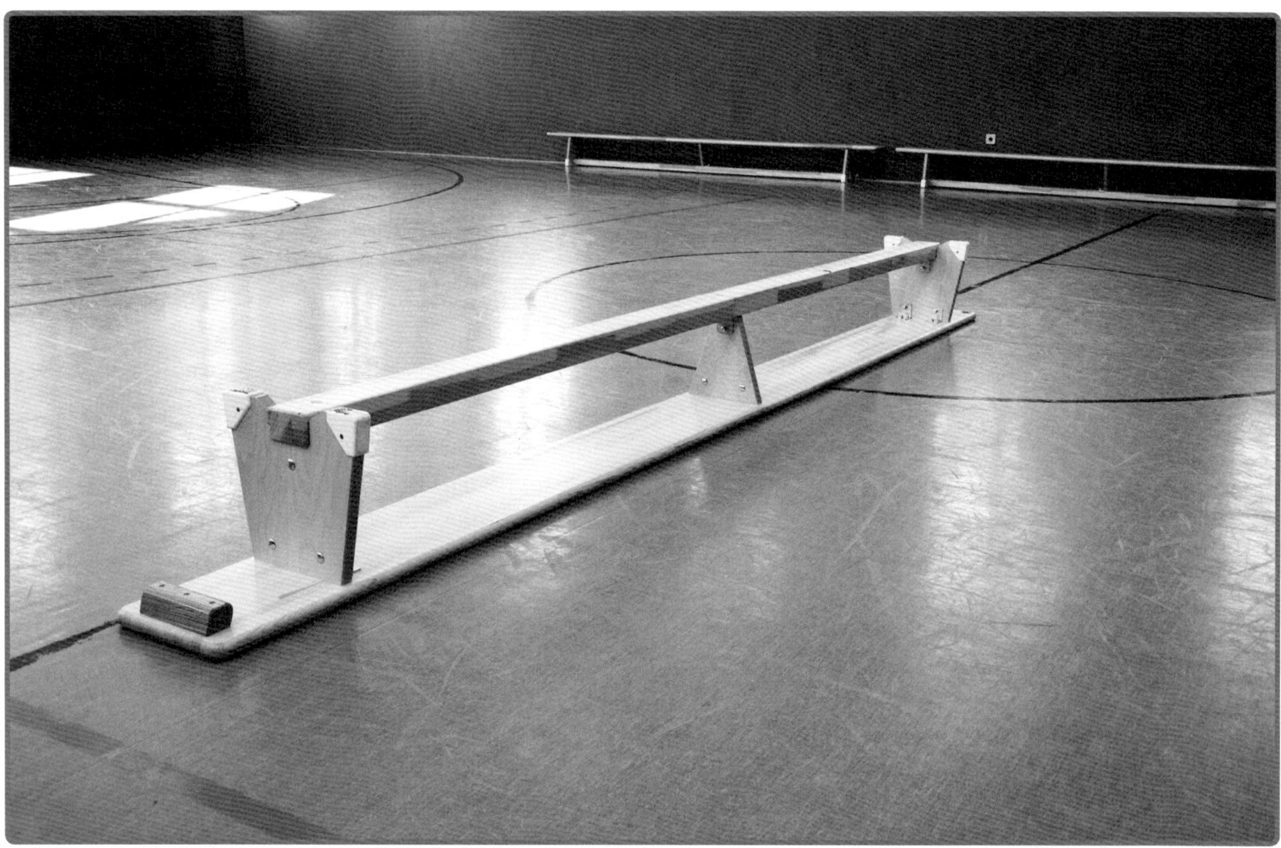

© Andreas Rausch, Heiko Ries

◎ Material

1 Bank

◎ Aufgaben

1. **Balanciere vorwärts über die Bank.**
2. **Balanciere seitwärts.**
3. **Balanciere rückwärts.**
4. **Überlege dir Tricks, wie z. B. Sprünge oder Drehungen.**

Star Gate – Klassenspringwettkampf im Langseil

Darum geht's

Diese Stunde dient dazu, die Klassengemeinschaft durch das gemeinsame Lösen einer Aufgabe zu stärken. Die Klasse bekommt nacheinander verschiedene Aufgaben gestellt und muss dabei durch ein schwingendes Springseil hindurchkommen. Gemeinsam müssen hierfür Lösungsstrategien entwickelt werden.

Zielkompetenzen

Die Schüler können …

- ausgewählte Merkmale von Bewegungsqualität (in dem Beispiel: Bewegungsrhythmus, -tempo, Raumorientierung, Synchronität) anwenden und variieren.
- technisch-koordinative und ästhetisch-gestalterische Grundanforderungen (z. B. Balancieren) bewältigen.

Material	*Anzahl*
Springseile	9 kleine oder 3 große
Markierungshütchen/ Pylonen	ca. 6

Vorbereitung

Falls Sie kein großes Springseil zur Hand haben, knoten sie drei kleine Springseile mit Kreuzknoten zusammen.

Stundenverlauf

Aufwärmphase

ca. 5 Minuten

Drei Schülerpaare stehen nebeneinander und schwingen je ein Großseil. Der Abstand zwischen den Paaren beträgt ca. 8 m (siehe Skizze S. 68). Der Rest der Klasse steht an einer Hallenstirnwand und soll durch die Halle zur anderen Seite laufen. Die Schüler müssen dabei ihr Lauftempo so variieren, dass sie von keinem der Seile berührt werden. Damit nicht alle auf einmal rennen, bilden Sie drei Riegen. Sind die Schüler durch die drei Seile gelaufen, kehren sie außen herum wieder zurück zu ihrer Reihe. Markieren Sie den Weg durch Hütchen.

Hauptphase

ca. 20 Minuten

Zwei Seilschwinger schwingen ununterbrochen das Großseil. Die Klasse steht vor dem schwingenden Seil. In verschiedenen Aufgaben müssen die einzelnen Schüler durch das Seil auf die andere Seite gelangen. Dort angekommen, warten sie, bis es alle anderen Schüler auch geschafft haben. Berührt ein Schüler das Seil, müssen alle Schüler wieder geschlossen zurück an den Anfang und die Aufgabe startet von vorn.
Nach ein paar erfolglosen Durchgängen kommt die Klasse dann (hoffentlich) auf die Idee, leistungsschwächere Schüler zuerst durchlaufen zu lassen bzw. gemeinsam Hilfestellungen zu entwickeln. Leiten Sie die unten beschriebene Reflexionsphase nach Ihrem Ermessen ein.

Aufgaben

- Alle Schüler müssen einzeln nacheinander durch das schwingende Seil hindurchlaufen.
- Jeweils zwei Schüler müssen gleichzeitig durch das Seil laufen.
- Jeder Schüler muss allein durch das Seil hindurchlaufen. Bevor aber der nächste starten darf, muss sich das Seil genau einmal drehen.
- Jeder Schüler muss allein in das Seil hineinlaufen, dort einmal springen und wieder hinauslaufen. Dann ist der nächste Schüler dran.
- Jeweils zwei Schüler müssen gleichzeitig ins Seil hineinlaufen, dort einmal springen und wieder hinauslaufen. Dann sind die nächsten Schüler dran.
- Alle Schüler müssen gleichzeitig durch das Seil rennen.

Reflexionsphase

ca. 10 Minuten

Die Klasse wird wahrscheinlich schon bei der ersten Aufgabe scheitern und immer wieder von vorn anfangen müssen. Daher wird viel Unmut in der Klasse entstehen. Dieser ist gewollt und soll im gruppendynamischen Prozess innerhalb der angeleiteten Reflexionsphase besprochen und idealerweise gelöst werden. Brechen Sie das Spiel ab, wenn der Unmut zu groß zu werden droht und die Klasse das Gefühl spiegelt: „Wir schaffen das nicht" oder einzelne Schüler als „Sündenbock" hingestellt werden. Lasen Sie dann die Klasse im Sitzkreis zusammenkommen. Helfen Sie als Gesprächsmoderator, Lösungen zu entwickeln. Nutzen Sie folgende möglichen Impulse:

- *„Ich habe viel Unzufriedenheit und Ärger wahrgenommen. Beschreibt, was euch ärgert."*
- *„Wiederholt die Aufgabe. Beschreibt, wie ihr die Aufgabe bisher gelöst habt."*
- *„Eure bisherige Lösungsstrategie hatte leider nicht viel Erfolg. – Erklärt warum."*
- *„Welche anderen Lösungsstrategien könnten funktionieren?"*

Tipp

Seien Sie zu Beginn streng und ahnden Sie jede Seilberührung. Halten Sie den Unmut der Klasse eine Zeit lang aus.

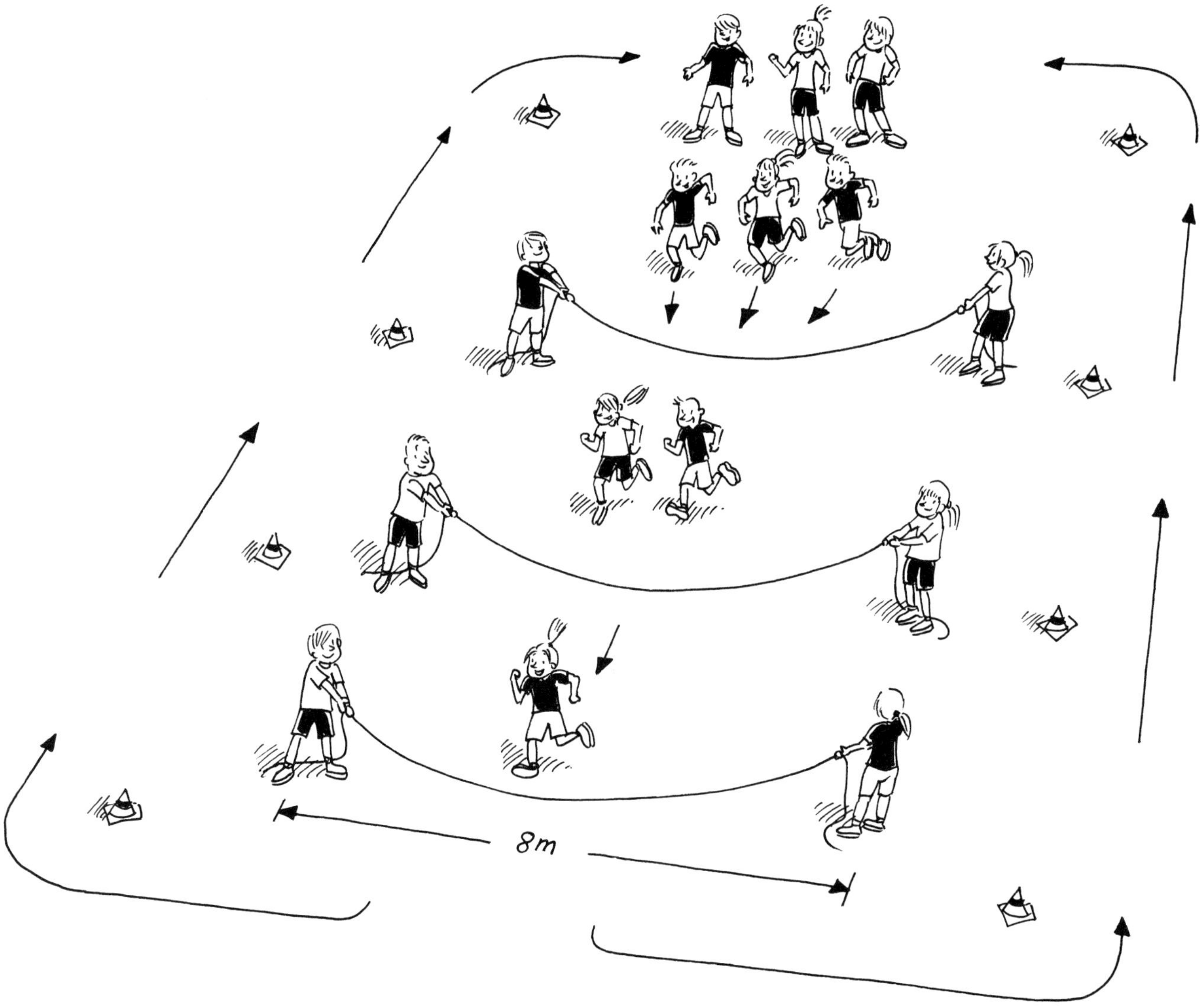

Fit for Gymnastics – Zirkeltraining zur Vorbereitung aufs Turnen

Darum geht's

In dieser Stunde werden die für das Turnen wichtigen konditionellen Fähigkeiten Kraft und Koordination an vielfältigen Stationen trainiert.

Zielkompetenzen

Die Schüler können ...
- technisch-koordinative Grundanforderungen für das Turnen bewältigen.
- In Kleingruppen aufgabenorientiert, selbstständig und sozial verträglich üben.

Material	*Anzahl*
kleiner Turnkasten	1
Langbänke	2
Barren	1
Markierungshütchen/ Pylonen	4
Reutherbrett	1
großer Turnkasten (vierteilig)	1
Weichbodenmatte	1
kleine Turnmatten	11
Kopiervorlage „Fit for Gymnastics"	1 Stationskarte pro Station
Ablaufplan für das Zirkeltraining	9

Vorbereitung

Bereiten Sie die Stationskarten (→ S. 70–73) und einen Aufbauplan vor, in dem die Stationen gekennzeichnet sind. Teilen Sie die Klassse in 3er-Gruppen ein. Geben Sie jeder Gruppe eine Stationskarte.

Stundenverlauf

Aufbauphase

ca. 4 Minuten
Jede Gruppe baut die ihr zugewiesene Station an dem dafür vorgesehenen Platz auf. Geben Sie vor dem Aufbau den Hinweis, dass Gruppen, die fertig sind, anderen helfen sollen.

Einführungsphase

ca. 7 Minuten
Holen Sie die Klasse zusammen, um die einzelnen Stationen zu erklären und zu demonstrieren. Erklären Sie anschließend das Wechseln der Stationen: nach 2 Minuten Belastung geht die Gruppe in der 30-sekündigen Erholungsphase immer eine Station weiter. Jede Gruppe startet an der Station, die sie aufgebaut hat.

Erprobungsphase und Abbau

ca. 24 Minuten
Die Schüler durchlaufen in den 3er-Gruppen im Uhrzeigersinn alle neun Stationen.
Nach der freien Übungszeit geben Sie das Signal zum Abbauen. Jede Gruppe baut ihre Station eigenständig wieder ab.

Tipp
Gestalten Sie je nach Zeit- und Raumbedarf den Zirkel unterschiedlich. Sowohl die Anzahl der Stationen als auch die Zahl der Schüler an jeder Station sowie die Belastungs- (und Pausen-)dauer können variiert werden.

Fit for Gymnastics 1/4

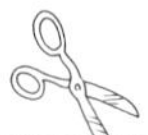

Station 1: Around the clock

Du brauchst:

- einen kleinen Turnkasten

So geht´s:

- Setze die Füße in die Mitte des Turnkastens.
- Stütze dich mit beiden Händen auf dem Boden ab.
- „Laufe" einmal im/gegen den Uhrzeigersinn um den Kasten herum.

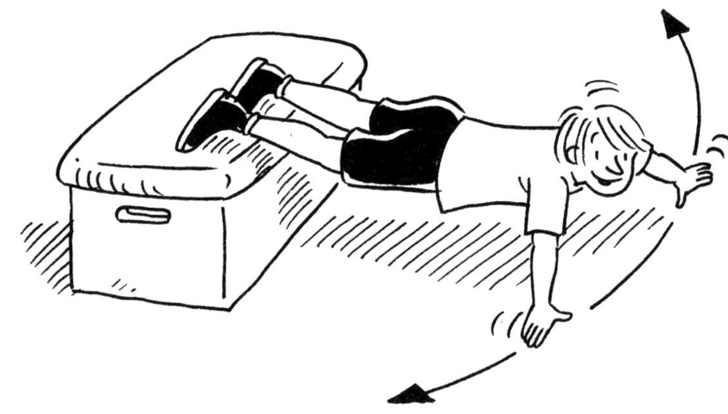

Station 2: Sprossenhang

Du brauchst:

- eine Sprossenwand
- eine kleine Turnmatte

So geht´s:

- Hänge dich mit gestreckten Armen und Beinen an die Sprossenwand.
- Winkle beide Beine an, strecke sie dann langsam wieder aus.

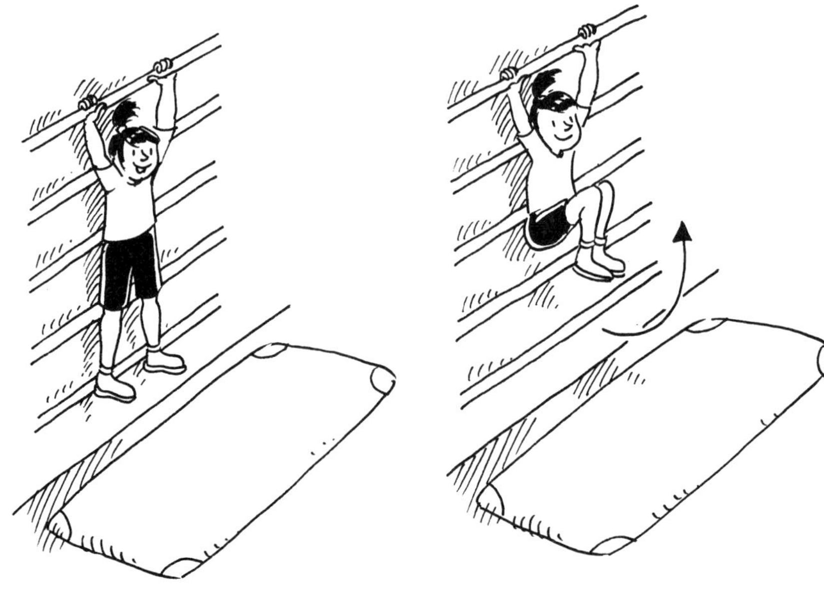

Fit for Gymnastics 2/4

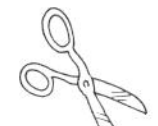

Station 3: Stützlauf

Du brauchst:

- einen Barren
- einen kleinen Turnkasten
- vier kleine Turnmatten

So geht's:

- Springe von dem kleinen Kasten aus in den Stütz in den Barren.
- Laufen bis zum Ende des Barrens auf den Holmen.

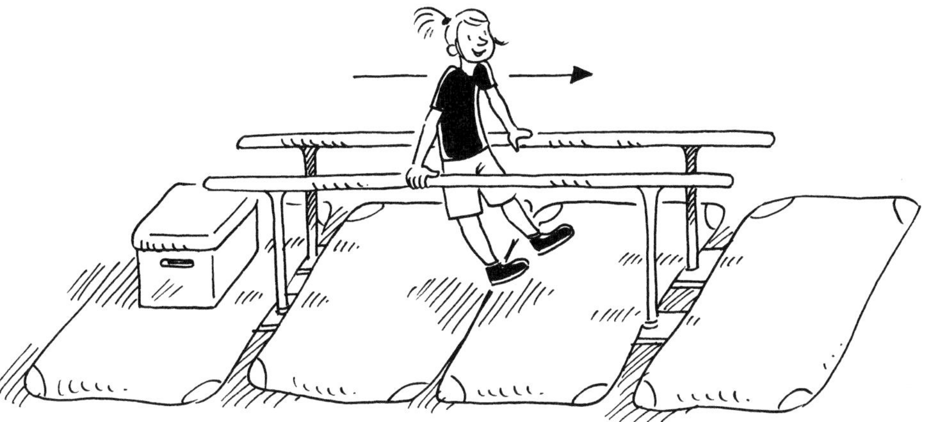

Station 4: Raupengang

Du brauchst:

- vier kleine Turnmatten

So geht's:

- Starte stehend am Anfang der Mattenbahn.
- Setze die Hände so nah wie möglich an deinen Füßen auf der Matte auf.
- „Laufe" mit beiden Händen soweit wie möglich nach vorne, während deine Füße an der Ausgangstelle stehen bleiben.
- Laufe dann mit den Füßen soweit es geht bis zu den Händen.

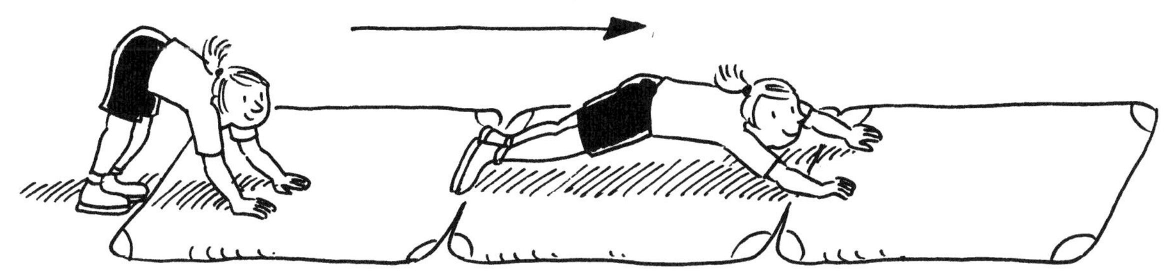

Fit for Gymnastics 3/4

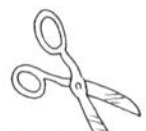

Station 5: Hockstützsprünge

Du brauchst:

- vier kleine Turnmatten

So geht's:

- Starte hockend am Anfang der Mattenbahn.
- Springe nach vorne, sodass die Hände zuerst aufsetzen.

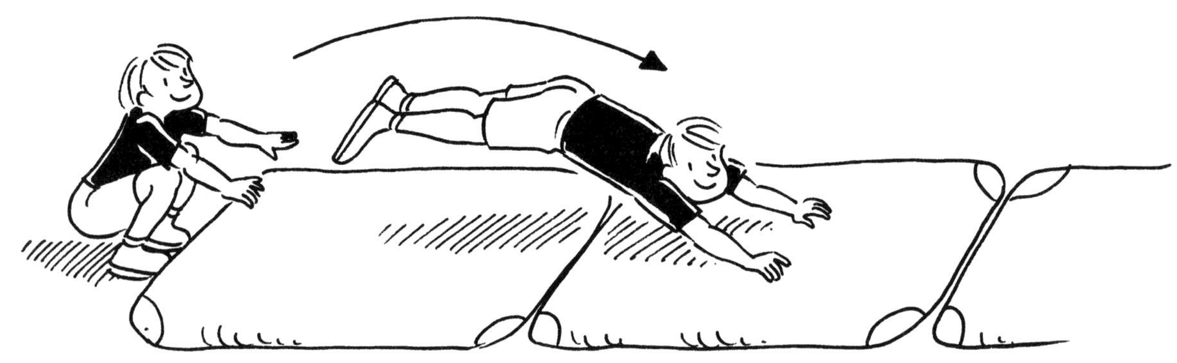

Station 6: Reutherbrettsprünge

Du brauchst:

- ein Sprungbrett
- einen großen Turnkasten

So geht's:

- Stelle dich auf das Sprungbrett (weiße Linie) und stütze die Hände auf den Kasten.
- Springe möglichst senkrecht nach oben.

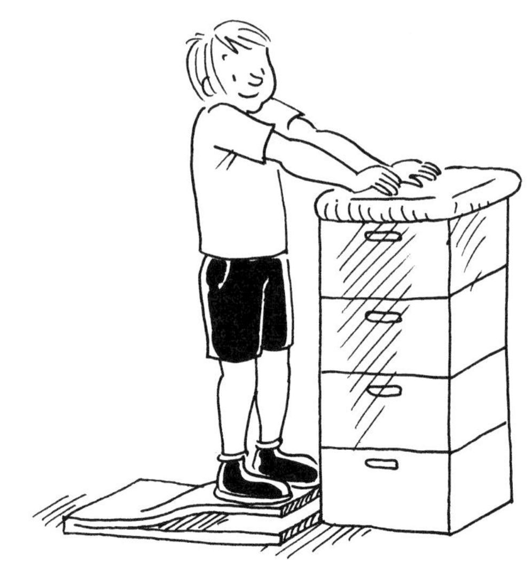

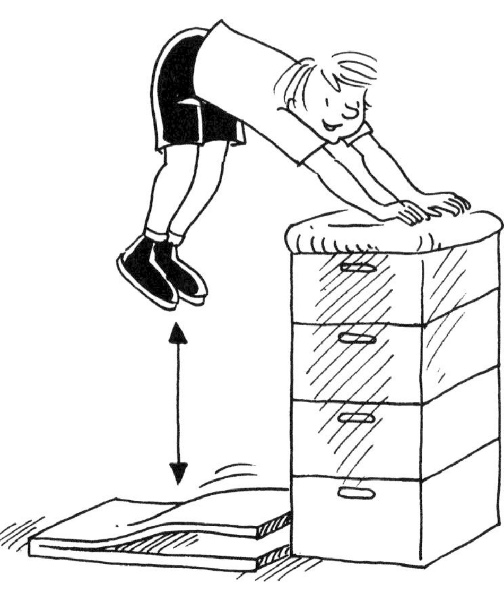

Fit for Gymnastics 4/4

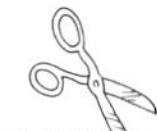

Station 7: Balancieren

Du brauchst:

- eine Langbank (umgedreht)

So geht's:

- Balanciere abwechselnd vorwärts und rückwärts über die Bank.

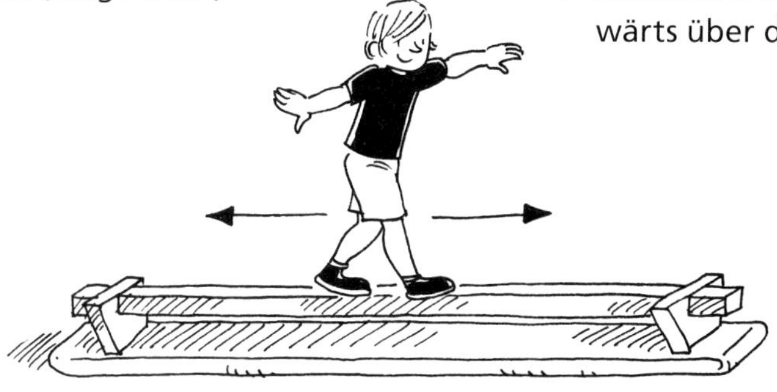

© Norbert Höveler

Station 8: Hockwenden

Du brauchst:

- eine Langbank

So geht's:

- Stelle dich seitlich an ein Ende der Bank; stütze die Hände auf die Bankfläche.
- Springe mit geschlossenen Beinen auf die andere Seite der Bank.

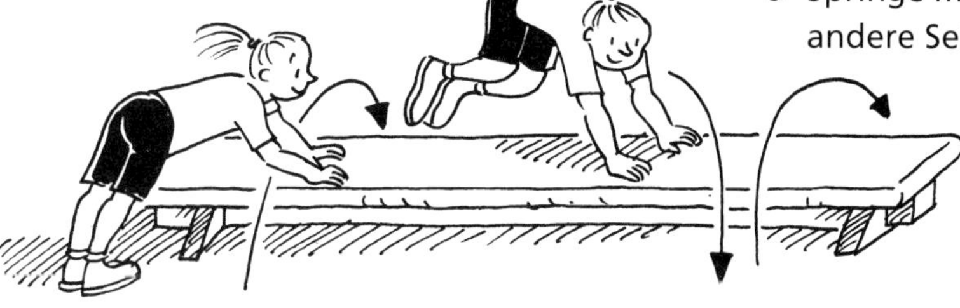

© Norbert Höveler

Station 9: Wandlauf

Du brauchst:

- eine Weichbodenmatte
- zwei kleine Turnmatten

So geht's:

- Starte in Hockstellung vor der Weichbodenmatte (Blick in den Raum).
- „Laufen" rückwärts mit den Füßen die Matte hoch (möglichst bis in den Handstand).

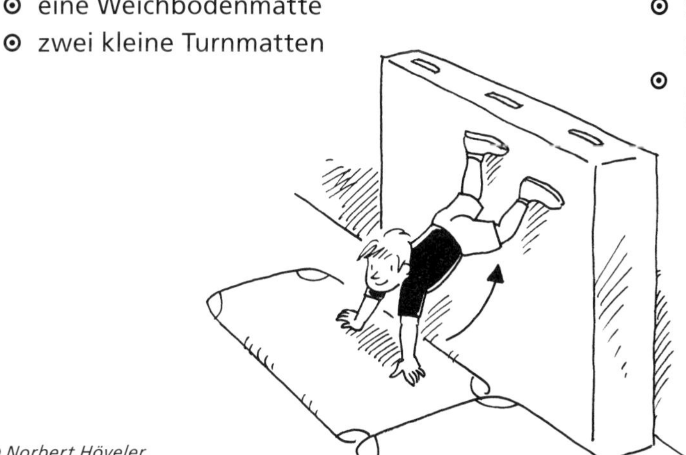

© Norbert Höveler

Über Stock und Stein – „Le Parcour"

Darum geht's

Die Schüler sollen durch das Überwinden eines Hindernisses und das Erlernen des Vault-Sprunges eine Einführung in die Trendsportart „Le Parcour" bekommen. „Le Parcour" bezeichnet eine Fortbewegungsart, bei der man scheinbar mühelos Hindernisse, wie Mauern, Dächer, Vorsprünge etc., überwindet, um von A nach B zu gelangen.

Zielkompetenzen

Die Schüler können ...

- in einer turnerischen Wagnissituation umsichtig und verantwortungsbewusst handeln.
- das Sprunggerät Turnkasten spielerisch überwinden.

Material	*Anzahl*
große Turnkästen (2–4-teilig)	4
Turnmatten	12
Markierungshütchen/ Pylonen	4
Kopiervorlage „Hallenskizze ‚Le Parcour'" (ggf. vergrößert)	4
Kopiervorlage „Vorübung Vault" (ggf. vergrößert)	4

Vorbereitung

Kopieren Sie die Kopiervorlagen „Hallenskizze ‚Le Parcour'" (→ S. 76) und „Vorübung Vault" (→ S. 77)ggf. vergrößert vorab jeweils 4-mal.

Stundenverlauf

Aufbauphase

ca. 5 Minuten

Teilen Sie die Klasse in vier gleich große Gruppen ein. Jede Gruppe soll einen unterschiedlich hohen Turnkasten gemäß der „Hallenskizze ‚Le Parcour'" (siehe S. 76) aufbauen und mit Turnmatten sichern. Stellen Sie die vier Markierungshütchen einzeln als Startpunkte für jede Gruppe auf.

Aufwärmspiel: Feuer, Wasser, Erde, Luft

ca. 5 Minuten

Bei dieser Variante des bekannten Kinderspiels sollen die Schüler zunächst frei durch die Halle laufen. Bei jedem Durchgang können Sie eine neue Bewegungsform vorgeben, z. B. Hopserlauf, Kniehebelauf, Anfersen, Seitgalopp usw. Auf Ihr Kommando hin müssen die Schüler folgende Aufgaben möglichst schnell ausführen:

- **„Feuer"** – in eine Ecke der Halle rennen
- **„Wasser"** – auf eine Matte kommen
- **„Erde"** – sich flach auf den Boden legen
- **„Luft"** – auf einen der Turnkästen klettern.

„Le Parcour" – Erprobungsphase

ca. 8 Minuten

Erläutern Sie den Schülern zunächst, worum es bei „Le Parcour" geht:

- Die Hindernisse sollen „im Flow", d. h. scheinbar mühelos und fließend überwunden werden.
- Jeder soll seinen eigenen Schwierigkeitsgrad finden.
- Die Sicherheit hat oberste Priorität!

Eklären Sie den Schülern die erste Aufgabe: *„Sucht euch einen Turnkasten aus und überquert diesen möglichst im Flow".*
Die Schüler dürfen zwischen den Turnkästen nach Belieben wechseln.

Sicherheitshinweise: Überschlagbewegungen sind verboten. Die Turnkästen dürfen immer nur in eine Richtung überquert werden.

Hauptphase

ca. 12 Minuten

Nun lernen die Schüler den Vault kennen. Ändern Sie die Höhe der Turnkästen, sodass alle Schüler an einem Kasten üben können, der ihrer Körpergröße angemessen ist. Die Schüler sollen zunächst die Vorübung ausführen, bei der sie auf den Turnkasten zulaufen, abspringen und einen Arm und das äußere Bein seitlich auf den Kasten aufsetzen, wie auf der Kopiervorlage „Vorübung Vault" dargestellt (→ S. 76).

Anschließend sollen die Schüler den Vault probieren, indem sie nur mit dem Arm auf dem Turnkasten aufsetzen und das innere Bein „durchschwingen". Nach der Landung sollen die Schüler möglichst noch ein paar Schritte weiterlaufen können.

Abschlussphase und Abbau

ca. 5 Minuten

Jeder Schüler überquert zwei Turnkästen nacheinander, entweder mit dem Vault oder eigenen Bewegungsideen. Aufgabe ist es, dabei möglichst im Flow zu bleiben.

Im Anschluss baut die gesamte Gruppe die Geräte gemeinsam ab.

Tipp

Lassen Sie den Vault beidseitig üben.

◎ Hallenskizze „Le Parcour“

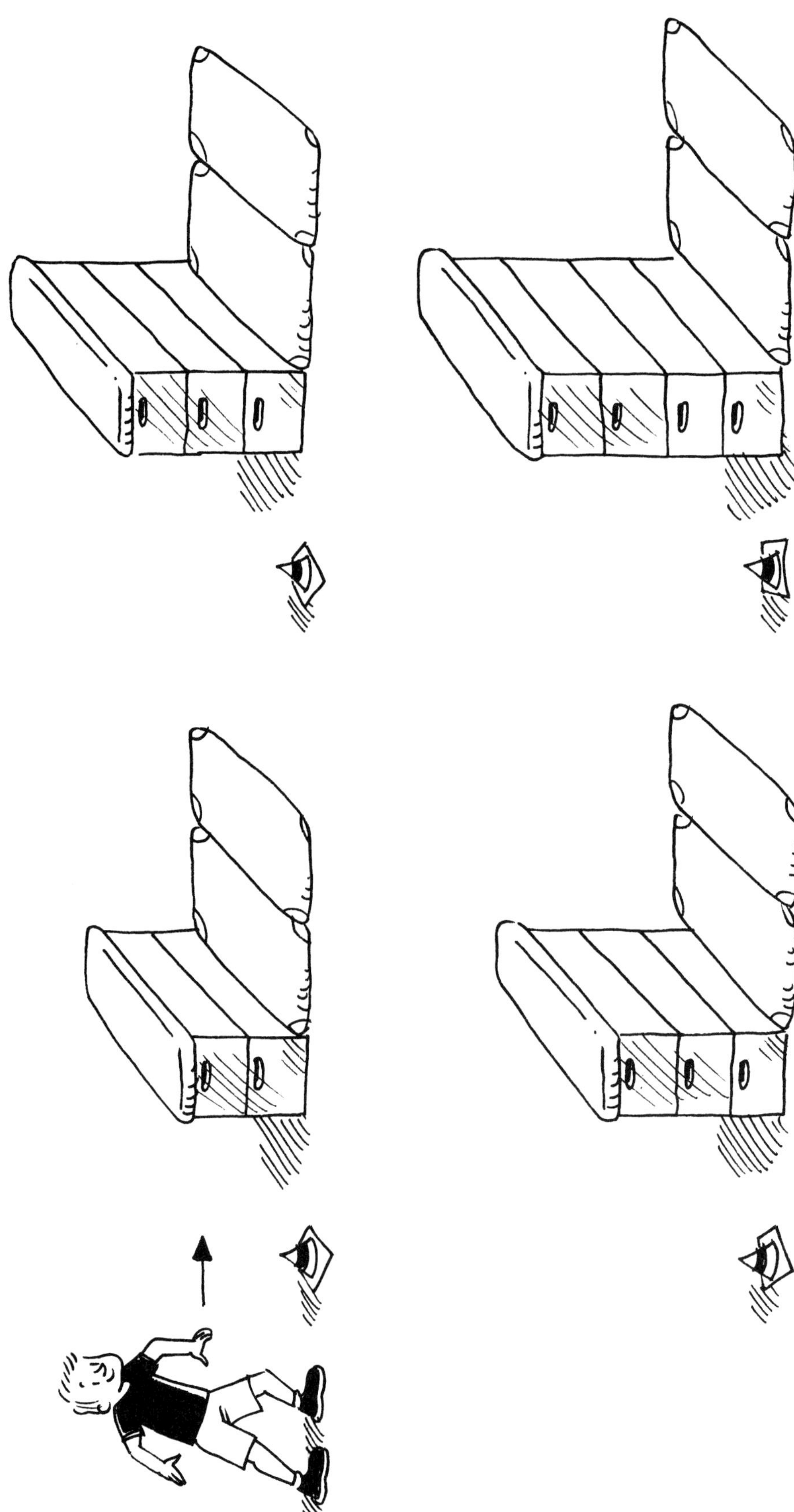

◎ Vorübung Vault

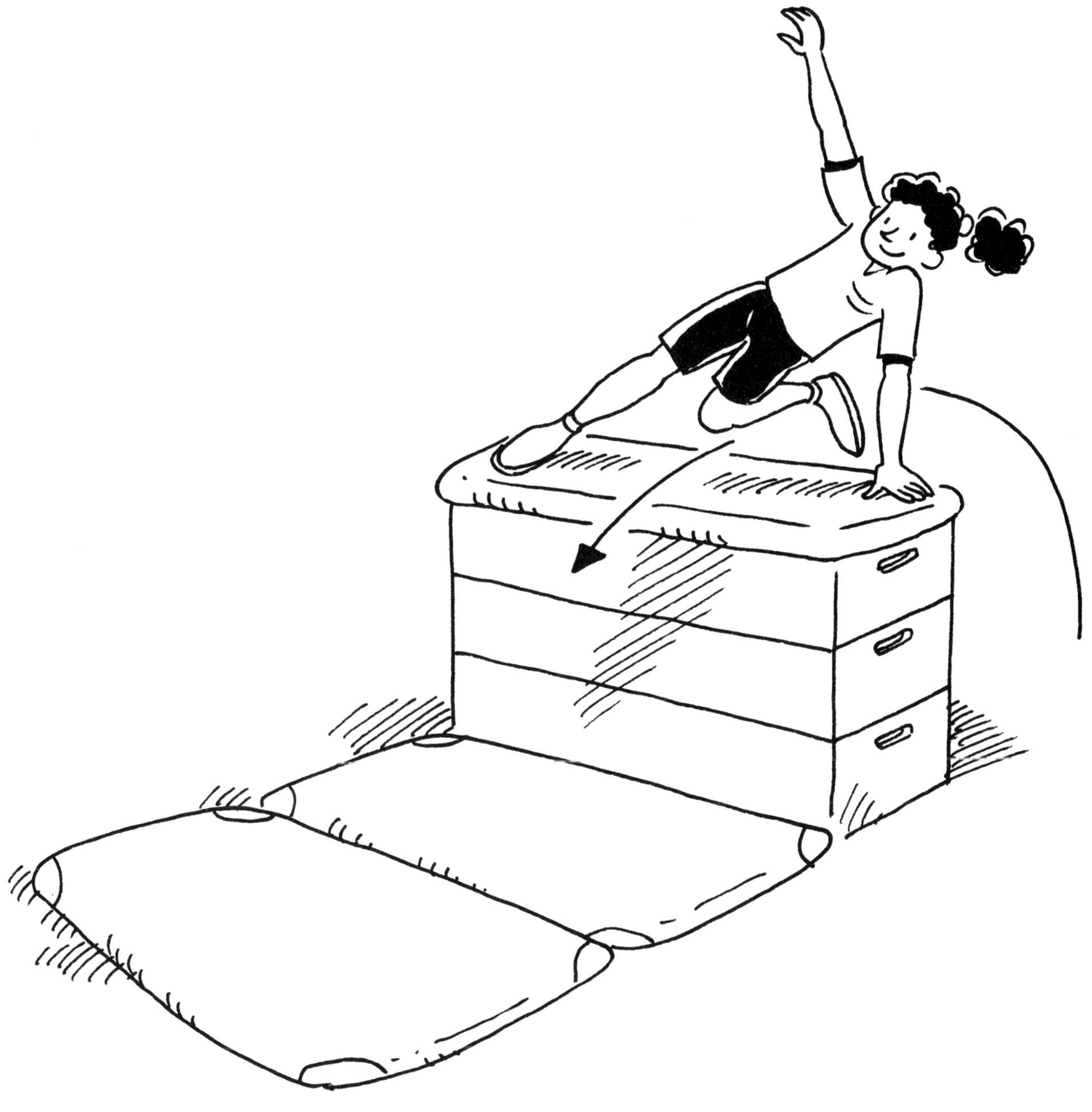

© *Norbert Höveler*

Gestalten, Tanzen, Darstellen

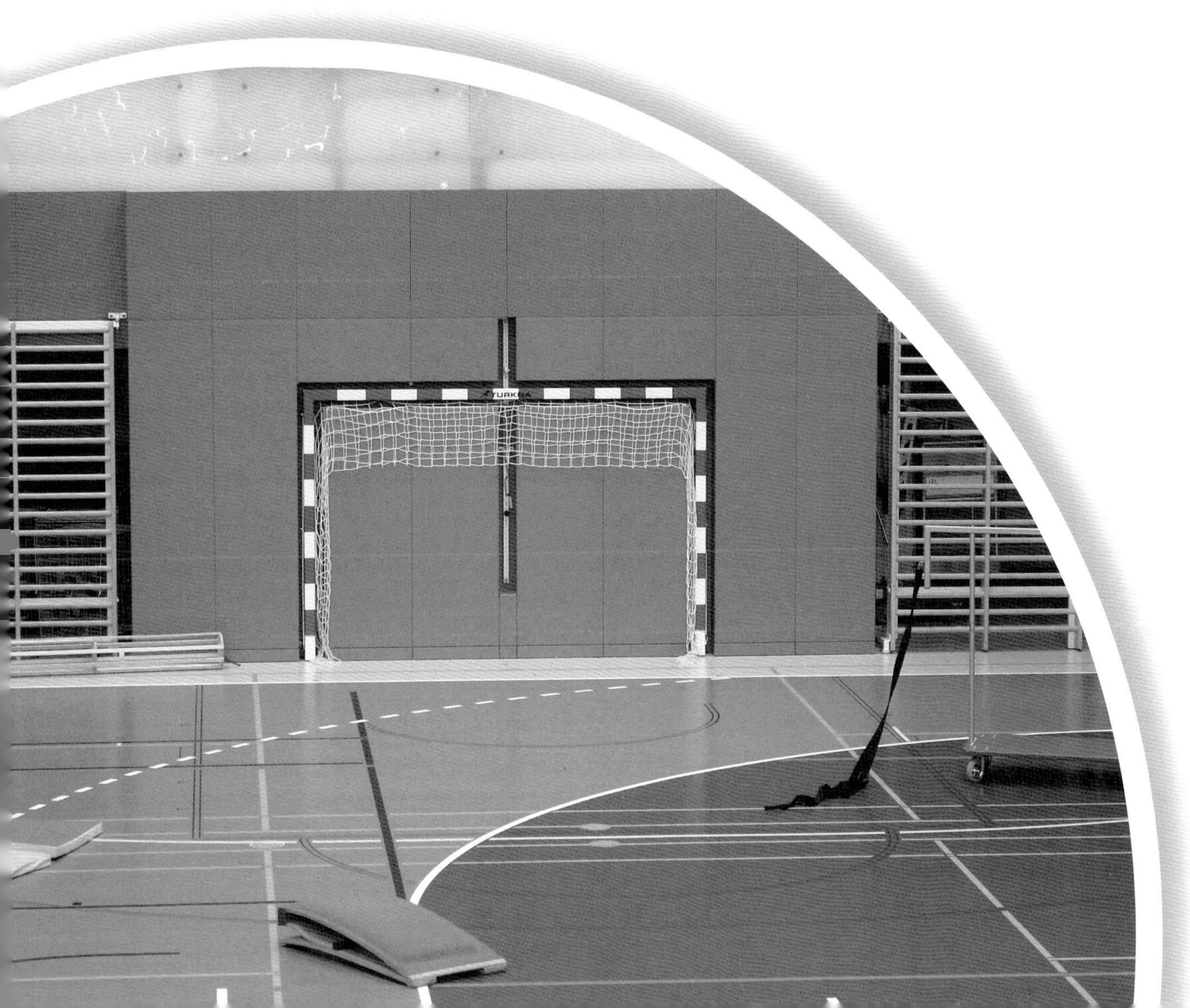

Und man dreht sich doch – eine Rollenchoreografie

Darum geht's

In dieser Stunde sollen die Schüler kreativ werden. In 3er-Gruppen überlegen sie sich eine Choreografie mit einem Ball als Handgerät. Zum Ende der Stunde wird diese den anderen Gruppen präsentiert und gemeinschaftlich hinsichtlich der Kreativität bewertet.

Zielkompetenzen

Die Schüler können …
- eine Vor-, Rück- und Seitwärtsrolle bewältigen.
- durch zielgerichtetes Erproben und Experimentieren einfache Bewegungs- und Gestaltungsaufgaben lösen.
- einfache ästhetisch-gestalterische Bewegungsabläufe unter Berücksichtigung ausgewählter Kriterien entwickeln und präsentieren.

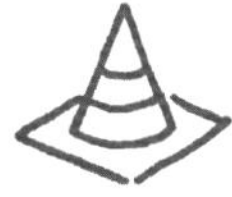

Material	*Anzahl*
Turnmatten	2–3 pro 3er-Team
Softbälle	1 pro 3er-Team

Vorbereitung

Halten Sie die Materialien/Geräte bereit.

Stundenverlauf

Aufwärmspiel: Atomspiel

ca. 5 Minuten

Alle Schüler laufen kreuz und quer durch die Halle. Rufen Sie in regelmäßigen Abständen unterschiedliche Zahlen rein. Die Zahl gibt dann die Gruppengröße an, zu der sich die Schüler zusammenfinden sollen. Bei einer Vier z. B. teilt sich die Klasse in 4er-Gruppen auf. Schüler, die sich nicht schnell genug zu einer Gruppe zusammengeschlossen haben, müssen eine „Strafübung", wie z. B. drei Strecksprünge o. Ä., machen. Spielen Sie mehrere Runden.

Sie können den Gruppen auch bestimmte (Bewegungs-)Aufgaben vorgeben. Nachfolgend sind ein paar Ideen aufgelistet:
- Die Gruppe macht eine synchrone Bewegung.
- Die Gruppe baut eine Menschenpyramide.
- Die Gruppe stellt sich so auf, dass nur insgesamt drei Füße und zwei Hände den Boden berühren dürfen.
- Die Gruppe singt ein gemeinsames Lied.
- Die Gruppe stellt pantomimisch eine Sportart dar (siehe auch „And the Oscar goes to …" → S. 82).

Die letzte Runde endet mit einer Drei als Vorgabe, damit sich für die Hauptphase bereits 3er-Gruppen bilden. Lässt sich die Gesamtschülerzahl nicht durch drei teilen, dann sind auch 2er- besser 4er-Gruppen möglich.

Aufbauphase

ca. 2 Minuten

Jede 3er-Gruppe bekommt zwei bis drei Turnmatten, die sie hintereinanderlegt. Achten Sie darauf, dass sich genügend Abstand zwischen den einzelnen Gruppen befindet.

Hauptphase

ca. 13 Minuten

Zunächst bekommen die Schüler die Gelegenheit, sich kurz „einzurollen":
Jeder macht nacheinander je zwei Vorwärts-, Rückwärts- und Längsrollen. Geben Sie anschließend jeder Gruppe einen Softball und stellen Sie folgende kreative Aufgabe: *„Überlegt euch eine Choreografie, bei der alle aktiv sind. Jeder von euch macht dabei eine Rolle und jeder von euch berührt den Ball mindestens einmal."*

Präsentationsphase

ca. 15 Minuten

Alle Schüler setzen sich auf ihre Matten. Jede Gruppe darf einzeln nacheinander ihre Choreografie vorführen. Die Vorführung sollte, wenn möglich, auf einer Mattenbahn in der Mitte der

Halle stattfinden. Dann kann jede Gruppe die Präsentation gut sehen. Nach jeder Vorführung spenden die anderen Gruppen Applaus und geben eine Wertung ab. Jede Gruppe einigt sich kurz darauf, wie viele Punkte (1–3) sie vergeben möchte. Auf Ihr Kommando werden dann die Punkte von den Gruppen angezeigt, indem sich pro Punkt ein Schüler hinstellt. Einigt sich z. B. eine Gruppe auf 2 Punkte, dann stellen sich zwei Schüler auf ihre Matte und der dritte bleibt sitzen. Küren Sie zum Abschluss die Siegergruppe mit einem besonderen Applaus.
Achten Sie darauf, dass zum Schluss alle Gruppen ihre Matten wieder wegräumen.

Tipps

Um möglichen Schwierigkeiten bei der zufälligen Gruppeneinteilung aus dem Weg zu gehen, können Sie auch Wunschgruppen zusammenstellen (lassen).

Inaktive Schüler dürfen am Ende die Wertungspunkte zusammenzählen und so den Sieger ermitteln.

And the Oscar goes to … – eine Gruppenpantomime

Darum geht's

Etwas einzustudieren und darzustellen, ist im Sportunterricht nicht immer leicht umzusetzen, macht den Schülern aber in der Regel sehr viel Spaß. Diese Stunde bietet den Schülern die Möglichkeit, gemeinsam in einer Gruppe etwas pantomimisch darzustellen. In Kleingruppen stellen die Schüler Szenen aus bestimmten Sportarten in Form von Standbildern dar.

Zielkompetenzen

Die Schüler können …

- grundlegende Elemente der Bewegungskünste (z. B. Bewegungstheater) mit einem Partner ausführen.
- grundlegende Merkmale von Bewegungsqualität wahrnehmen und in der Gruppe anwenden.

Material	*Anzahl*
großer Schaumstoffwürfel	1
Karteikarten mit Sportarten-Bezeichnungen, z. B. Baseball, Rudern, Basketball, Tennis, Kegeln/Bowling, Springreiten, Stabhochsprung etc.	ca. 10

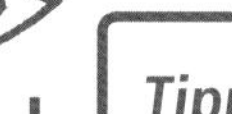

Tipps

Diese Unterrichtseinheit bietet den großen Vorteil, dass alle (Kranken, Verletzten und „Sportbeutelvergesser") den Hauptteil mitmachen können.

Möglich ist auch, dass sich die Gruppen eigene Sportarten überlegen. Hierbei besteht aber die Gefahr, dass sich einige Darstellungen wiederholen.

Vorbereitung

Beschriften Sie Karteikarten mit den ausgewählten Begriffen.

Stundenverlauf

Aufwärmspiel: Sitz Hase – Lauf Hase

ca. 8 Minuten

Alle Schüler spielen gleichzeitig. Jeder darf jeden fangen (antippen). Wer einen Mitschüler fängt (antippt), sagt: *„Sitz Hase!"*. Der Gefangene setzt sich dann sofort dort auf den Boden, wo er gefangen worden ist. Fangen sich zwei Schüler gleichzeitig und sie konnten nicht ausmachen, wer zuerst angetippt wurde, dann entscheidet eine Schnick–Schnack–Schnuck–Runde. Jeder darf aber auch jeden wieder befreien. Dazu darf ein Schüler zu einem sitzenden Mitschüler laufen und ihn mit den Worten *„Lauf Hase!"* wieder erlösen. Manchmal entsteht eine spezielle Dynamik und Konstellation in diesem Spiel: Eine kleine Anzahl von Schülern fügt sich fast automatisch zu einer Gruppe zusammen. Und diese Gruppe setzt sich zum Ziel, alle anderen Schüler zu fangen, während die Mitglieder versuchen, sich untereinander zu befreien. Oft entstehen daraufhin weitere Kleingruppen. Falls diese Dynamik nicht automatisch entsteht, können Sie diesen Prozess durch gezielte Ansprache einiger Schüler auch initiieren.

Hauptphase

ca. 20 Minuten

Teilen Sie die Klasse in mehrere Kleingruppen à vier bis fünf Schüler auf. Jede Gruppe zieht eine Karteikarte, auf der eine Sportart steht. Weisen Sie jeder Gruppe einen Platz in der Halle zu, an dem sie sich beraten und sich ausprobieren kann. Jede Gruppe überlegt sich, wie sie gemeinsam als Standbild (also ohne Bewegung) die jeweilige Sportart darstellen kann (siehe Skizze S. 83).
Die einzige Vorgabe dabei ist, dass jeder Schüler aus der Gruppe beteiligt sein muss. Geben Sie ein paar Tipps, falls eine Gruppe Schwierigkeiten bei der Umsetzung der Aufgabe hat. Es müssen nicht

alle Schüler Personen darstellen; drei Schüler könnten z. B. auch versuchen, ein Tor darzustellen o. Ä.
Wenn alle Gruppen fertig sind, kommen alle Schüler in einem großen Sitzhalbkreis zusammen. Eine Gruppe beginnt und stellt ihr Standbild den anderen vor. Welche der anderen Gruppen errät die Sportart auf Anhieb?
Nach der Präsentation ist die nächste Gruppe dran. Zum Ende werden alle Gruppen noch einmal kurz genannt und die Klasse bestimmt durch die Lautstärke ihres Applauses, welche Gruppe das beste Standbild präsentiert hat.
Spielen Sie noch eine weitere Runde, wenn noch Zeit übrig sein sollte.

Abschlussphase

ca. 7 Minuten

Alle Kinder kommen in den Mittelkreis. Ein Schüler würfelt. Die gewürfelte Zahl bestimmt die Übung, welche die ganze Klasse durchführen muss:
Bei einer 1 muss die Klasse eine Runde laufen.
Bei der 2: zwei Liegestütze
Bei der 3: drei Strecksprünge
Bei der 4: vier Hampelmänner
Bei der 5: fünf Kniebeugen
Bei der 6 ist die Stunde zu Ende und alle dürfen zur Kabine laufen. Nach jedem Wurf wird der würfelnde Schüler gewechselt.

Sollte schon viel Zeit vergangen und noch immer ist keine 6 gewürfelt worden sein, dann geben weitere Zahlen das Ende der Stunde bekannt.

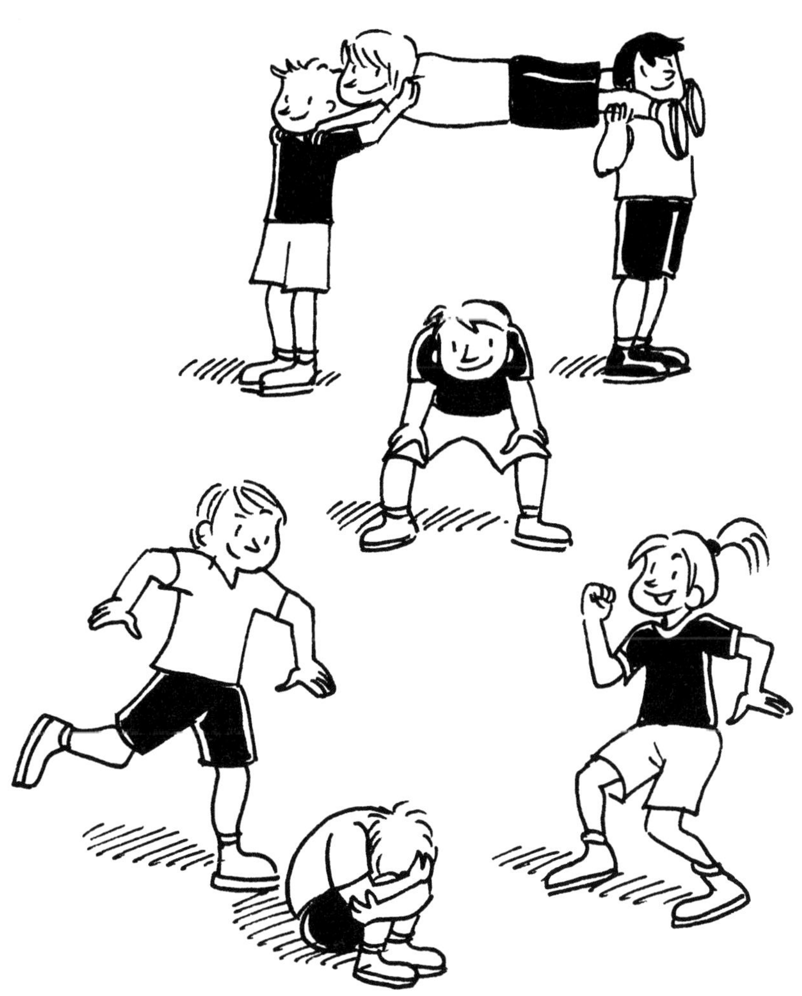

Akrobaten – Kunststücke mit dem Ball

Darum geht's

Die Schüler üben den Umgang mit dem Ball und lernen neue Bewegungen mit dem Ball kennen. Anschließend erarbeiten sie in Kleingruppen eine kurze Vorführung und präsentieren diese.

Zielkompetenzen

Die Schüler können ...

- technisch-koordinative Grundformen ästhetisch-gestalterischen Handelns anwenden.
- einfache ästhetisch-gestalterische Bewegungsabläufe präsentieren.

Material	*Anzahl*
Gymnastikbälle o. Ä. mit guten Prelleigenschaften	Klassenstärke und 1 Ball für die Lehrkraft
Arbeitsblatt „Ballvorführung"	je 1 pro Gruppe
Stifte	je 1 pro Gruppe

Vorbereitung

Halten Sie für jeden Schüler einen Gymnastikball bereit und kopieren das Arbeitsblatt „Ballvorführung" (→ S. 86).

Stundenverlauf

Aufwärmphase

ca. 5 Minuten

Jeder Schüler bekommt einen Gymnastikball und bewegt sich frei in der Halle. Auf Ihr Kommando führen die Schüler im Laufen verschiedene Übungen mit Ball aus:

- den Ball mit der rechten Hand prellen
- den Ball mit der linken Hand prellen
- den Ball abwechselnd mit der rechten und der linken Hand prellen.

Die Schüler bewegen sich weiter mit dem Ball durch die Halle. Auf Ihr Kommando hin bleiben sie stehen, werfen den Ball senkrecht hoch und fangen ihn wieder auf. Nach zwei bis drei einfachen Durchgängen sollen die Schüler eine Zusatzbewegung (ein Kunststück) durchführen, während sich der Ball in der Luft befindet. Merken Sie sich einige der Ideen, diese können in der Übungsphase wieder aufgegriffen werden.

Übungsphase

ca. 10 Minuten

Jeder Schüler behält seinen Ball. Stellen Sie sich (ebenfalls mit einem Ball in den Händen) zusammen mit den Schülern in einem großen Kreis auf. Achten Sie darauf, dass jeder Schüler genug Platz zu seinen beiden Nachbarn hat (ca. eine Armlänge). Nun werden gemeinsam Übungen mit dem Ball durchgeführt, die Sie vorgeben. Je nach Klasse können dies die folgenden Bewegungen sein:

- „Achten" durch die Beine führen/prellen
- Rumpfkreisen
- den Ball auf dem Finger kreisen lassen
- den Ball von der Hand zum Ellenbogen rollen lassen, hochschleudern, auffangen
- den Ball hochwerfen und unter Einbau verschiedener Zusatzbewegungen wieder fangen, z. B. klatschen, hinsetzen, Drehung oder weiterer Ideen aus der Aufwärmphase.

Erarbeitungsphase

ca. 10 Minuten

Teilen Sie die Klasse in Kleingruppen auf (je zwei bis vier Schüler). Teilen Sie das Arbeitsblatt „Ballvorführung" (→ S. 86) an die Gruppen aus. Diese sollen eine kurze Vorführung vorbereiten und ihre Ideen auf dem Arbeitsblatt skizzieren. Hierbei können die Schüler Übungen aus der vorangegangenen Phase verwenden oder eigene Ideen umsetzen. Geben Sie den Hinweis, dass die Schüler bei ihrer Choreografie Wert auf ein gutes Ende der Präsentation legen sollen.

Präsentationsphase

ca. 10 Minuten

Einige der Gruppen präsentieren ihre Choreografien (Freiwillige, per Losentscheid oder Sie bestimmen). Den Zuschauern geben Sie als Beobachtungsauftrag folgende Frage mit: *„Warum ist dies (k)eine gute Vorführung?"* Bei der Beurteilung orientieren sich die Beobachter an den Vorgaben des Arbeitsblattes „Ballvorführung" (→ S. 86)

Tipp

Die inaktiven Schüler können in der Erarbeitungsphase den Gruppen bei der Ideenfindung helfen.

Ballvorführung

Aufgaben

- **Bereitet in eurer Gruppe eine Vorführung mit Ballkunststücken vor. Dabei sollen alle Gruppenmitglieder aktiv sein und ihr sollt insgesamt drei bis vier verschiedene Kunststücke präsentieren.**
- **Überlegt euch, wie ihr die Kunststücke sinnvoll kombinieren könnt.**
- **Skizziert eure Ideen auf diesem Arbeitsblatt.**

  ISBN 978-3-8346-3933-2 | www.verlagruhr.de

Spielen in und mit Regelstrukturen

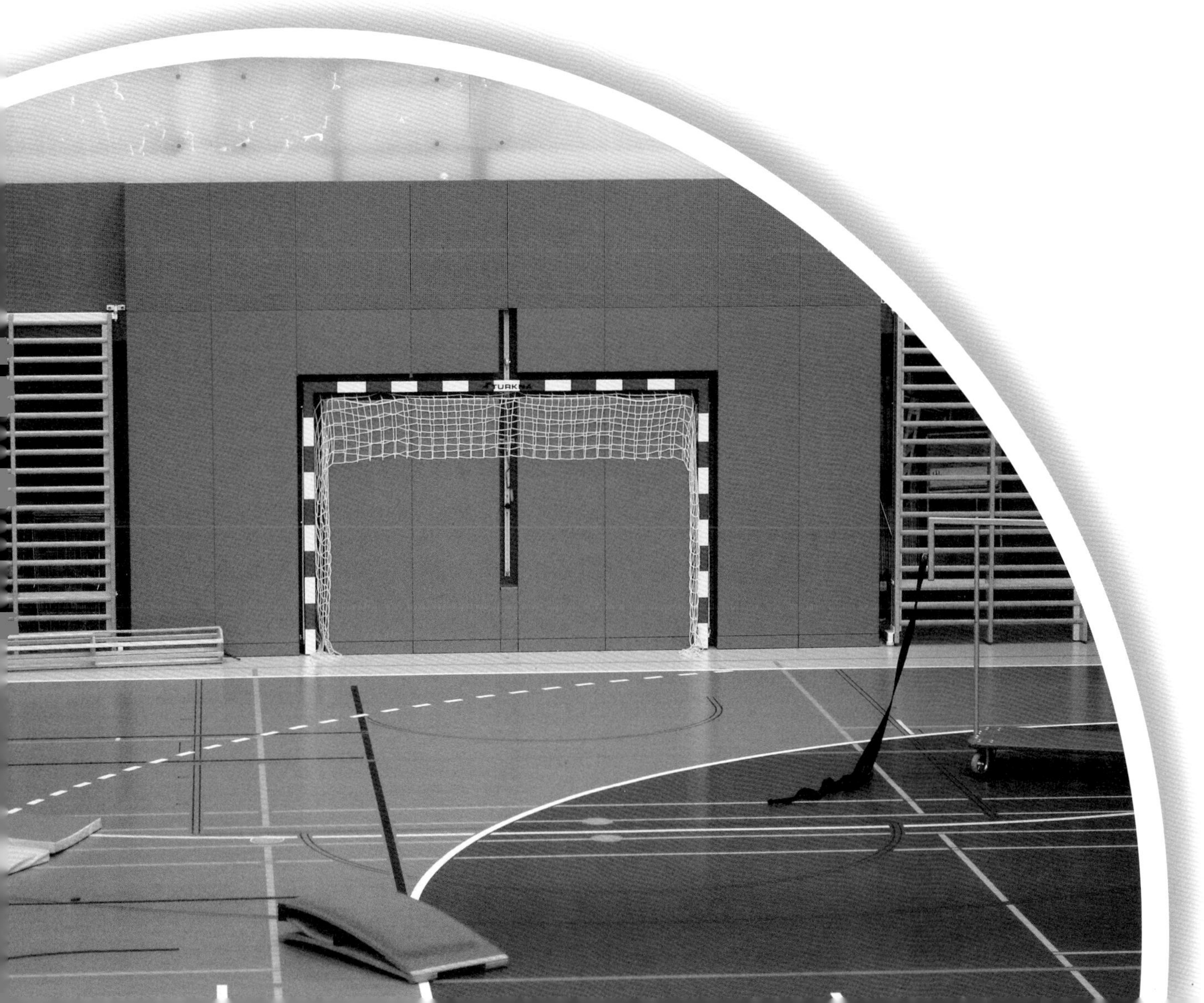

Heidelberg ist überall – Variantenreiches Fangen und Passen

Darum geht's

Angelehnt an das Konzept der „Heidelberger Ballschule", üben die Schüler in dieser Stunde das Fangen und Passen mit ganz vielen unterschiedlichen Bällen und Wurfarten.

Zielkompetenz

Die Schüler können …
- in ausgewählten Spielsituationen technische, koordinative Fertigkeiten (Passen und Fangen) in Grobform anwenden.

Material	Anzahl
viele unterschiedliche Bälle (z. B. Fußball, Basketball, Handball, Volleyball, Softball, Tennisball, Unihockeyball, Frisbee, Nerf, Schlagball, Gymnastikball, Tischtennisball, Indiaka, Baseball, Flummi, Zeitungspapierball, Pezziball, Football etc.)	Klassensatz (im Idealfall pro Ballsorte 2 Bälle)
kleine Kästen	4
Musik + Abspielgerät	optional

Vorbereitung

Sammeln Sie die Bälle vor Stundenbeginn in einem Ballwagen o. Ä. Umgedrehte Kästen oder Langkastenoberteile sind auch gut geeignet.

Stundenverlauf

Aufwärmspiel: „Bälle tauschen"

ca. 5 Minuten

Jeder Schüler bekommt einen Ball. Alle Schüler laufen mit ihrem Ball kreuz und quer durch die Halle. Dabei wirft jeder Schüler seinen Ball im Laufen hoch und versucht, ihn wieder zu fangen. Die Schüler bestimmen dabei selbst, wie hoch sie den Ball werfen. Jedes Mal, wenn sich zwei Schüler treffen, tauschen sie ihre Bälle. Dies können Sie auch mithilfe von Musik steuern. Stoppt die Musik, muss sich jeder Schüler einen Partner suchen und mit ihm den Ball tauschen. Bestimmen Sie jeweils, auf welche Weise die Bälle zu tauschen sind, z. B.:
- Beide Partner werfen ihren Ball hoch und jeder fängt den Ball des anderen.
- Beide Partner prellen ihren Ball auf den Boden und jeder fängt den Ball des anderen.
- Beide Partner übergeben sich ihre Bälle, ohne dass sie auf den Boden fallen.

Ändern Sie zusätzlich die Bewegungsaufgabe. Während des Laufens sollen die Schüler auf ein Signal hin ihren Ball …
- um die Hüften kreisen lassen.
- hochwerfen, klatschen und den Ball wieder auffangen.
- hochwerfen, eine Körperdrehung vollführen und den Ball wieder fangen.
- prellen (soweit der Ball das zulässt).
- gegen die Hallenwände werfen und wieder auffangen.
- am Fuß führen (soweit der Ball das zulässt).

Hauptphase

ca. 20 Minuten

Nun üben die Schüler partnerweise das Passen und Fangen. Sie behalten dazu ihre Bälle aus der Aufwärmphase. Jeder Schüler sucht sich einen Partner. Bei ungerader Schüleranzahl entsteht zusätzlich eine 3er-Gruppe. Jedes Paar entscheidet sich, mit welchem der beiden Bälle es die nächste Übung durchführen möchte. Der Ball, der nicht benötigt wird, wird von dem jeweils älteren Schüler wieder weggeräumt. Entweder kommt der Ball in den Ballschrank/-wagen oder er wird unter die Langbänke gelegt. Der jüngere Partner hält den anderen Ball fest und stellt sich auf die linke Seitenauslinie des Volleyballfeldes. Auf dieser Linie stehen dann alle jüngeren Schüler der einzelnen Paare mit ihrem jeweiligen Ball. Der

Abstand zu den Nachbarn links und rechts sollte 1–2 m betragen. Die Partner stehen sich wiederum im Abstand von ca. 4 m gegenüber. Auf Ihr Kommando passen sich die Paare die Bälle jeweils 10-mal zu. Ziel ist es, sich den Ball möglichst schnell zuzupassen.
Wer mit der Übung fertig ist, setzt sich auf den Boden und hält den Ball fest. Auf diese Weise können Sie einigermaßen gut erkennen, welches das Siegerpaar ist. Dieses wird kurz gekürt. Die 3er-Gruppe stellt sich zu einem Dreieck auf und passt sich den Ball im Uhrzeigersinn zu.

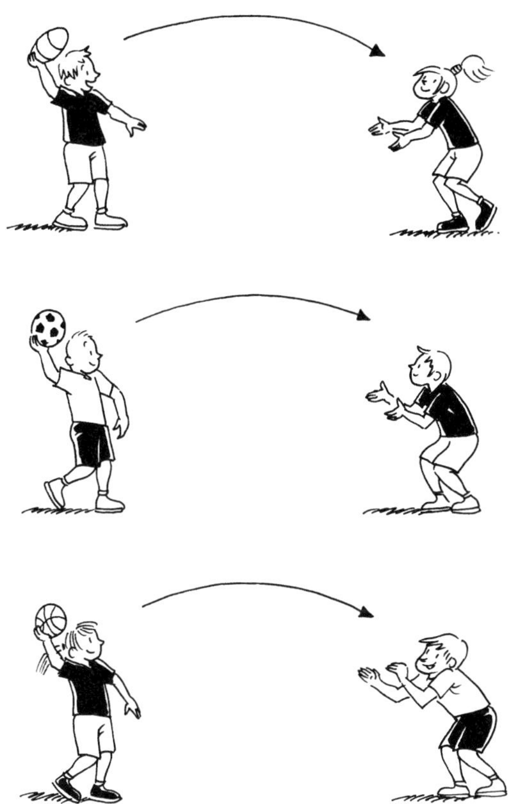

Für die nächste Runde werden die Partner gewechselt. Dazu bleiben die älteren Partner auf der Linie stehen und die jüngeren wandern mit ihrem Ball einen Partner weiter (alle in die gleiche Richtung). Der letzte Schüler in der Reihe wechselt ans andere Ende zum ersten Schüler in der Reihe (siehe Skizze rechts).

Bei der folgenden Durchgängen wird nach jedem Durchlauf die Wurfart verändert.

Die Schüler passen den Ball …
- nur mit der linken Hand.
- nur mit der rechten Hand.
- nur beidhändig.
- rückwärts durch die Beine.
- als Bodenpass (falls dies der Ball ermöglicht).
- als Bogenpass.
- als Druckpass.
- während der Fänger mit dem Rücken zum Werfer steht. (Kurz vor dem Pass muss der Werfer ein kurzes akustisches Signal zum Umdrehen geben.)

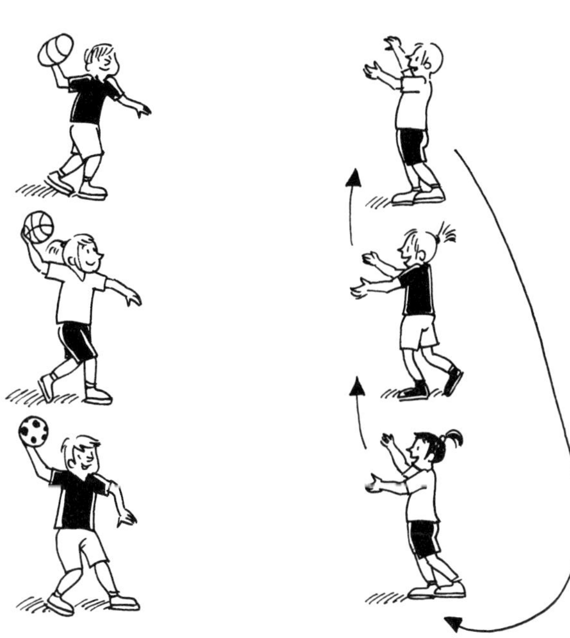

Mannschaftswettbewerb:

ca. 5 Minuten
Die Schüler bleiben in der gleichen Aufstellung wie in der Übung davor. In der Aufstellung werden jetzt durch Abzählen zwei Mannschaften gebildet. Die Schüler auf der linken Seite zählen sich mit 1, 2, 1, 2 usw. ab. Die Schüler auf der rechten Seite ebenfalls, beginnen das Abzählen jedoch mit 2, 1, 2, 1 usw. Somit ergeben sich zwei Teams, deren Mitspieler sich jeweils diagonal gegenüberstehen.
Alle Bälle werden gleichmäßig auf zwei kleine Kästen verteilt. Diese stehen beim ersten Paar

kurz vor der Grundauslinie. Die beiden Schüler dieses Paares sind die Startspieler und haben die Kästen jeweils neben sich stehen. Auf Ihr Startsignal hin nehmen sich die beiden Startspieler je einen Ball und passen ihn jeweils ihrem diagonal gegenüberstehenden Mitspieler zu (siehe Skizze unten). Dieser passt den Ball wiederum zum diagonal gegenüberstehenden Schüler usw. Die erste Runde gewinnt das Team, welches es als erstes schafft, den Ball wie beschrieben bis zum letzten Spieler in der Reihe zu passen. Dort stehen zwei kleine Kästen. Die beiden Schüler, die am Ende stehen und als Letztes die Bälle gefangen haben, können diese in die Kästen legen. Es startet eine zweite Runde.

In dieser Runde gibt es zwei Variationen:
Sie können beiden Teams den gleichen Ball geben oder die beiden Startspieler selbst entscheiden lassen, mit welchem Ball ihre Mannschaft spielt. Statt das Spiel rundenweise zu spielen, können Sie es auch weiterlaufen lassen, d.h., es gewinnt diejenige Schülermannschaft, die zuerst all ihre Bälle aus dem Startkasten in den Endkasten transportieren hat.

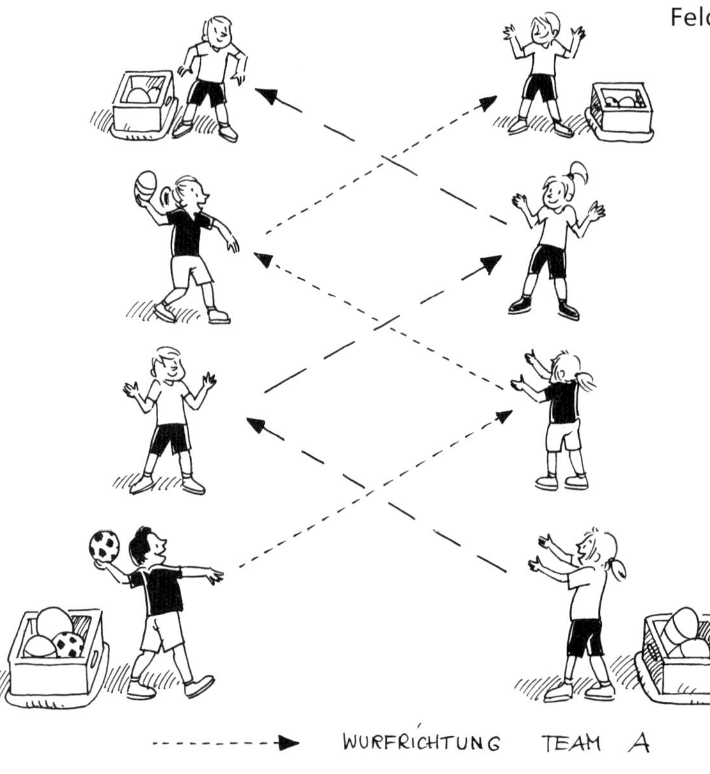

Tipps

Frei herumliegende Bälle bergen ein Verletzungsrisiko. Achten sie immer darauf, dass alle Bälle einen guten Platz haben (z.B. unter der Langbank oder in einem Kasten/Ballwagen).

Bälle haben einen großen Aufforderungscharakter. Schüler neigen dazu, mit dem Sportmaterial auch andere Dinge zu tun, als es die Aufgabe verlangt. Seien Sie darauf vorbereitet.

Planen Sie zum Ende der Stunde ausreichend Zeit zum Wegräumen der vielen Bälle ein.

Abschlussspiel: Haltet das Feld frei!

ca. 5 Minuten

Zwei Teams spielen gegeneinander. Jedes Team bekommt eine Hallenhälfte zugewiesen. Es wird mit allen Bällen gespielt. Die Schüler haben die Aufgabe, ihr Feld frei von Bällen zu halten und diese entsprechend in die gegnerische Hälfte zu werfen. Beenden Sie das Spiel nach 2–3 Minuten. Es gewinnt das Team, welches die wenigsten Bälle in seiner Hälfte hat.
Achtung: Harte Bälle, wie z.B. ein Baseball, Feldhockeyball o.Ä., eignen sich nicht dafür.

Badminton – Tricks mit Ball und Schläger

Darum geht's

Diese Unterrichtseinheit kann zu Beginn einer Badmintonreihe stehen. Ball- und Schlägergewöhnung stehen in dieser Stunde im Vordergrund. Mithilfe von verschiedenen Übungen sollen die Schüler ein Gefühl für den Schläger und den Ball entwickeln.

Zielkompetenzen

Die Schüler können …

- in ausgewählten Spielsituationen grundlegende technisch-koordinative Fertigkeiten in Grobform anwenden.

Material	*Anzahl*
Schläger + Federbälle	Klassensatz
Arbeitsblatt „Badminton – Tricks mit Ball und Schläger"	½ Klassensatz
Stifte	Klassensatz
Musik + Abspielgerät	optional
Klemmbretter	optional

Vorbereitung

Kopieren Sie das Arbeitsblatt „Badminton – Tricks mit Ball und Schläger" (→ S. 93) für alle Schüler. Beschriften Sie jeden Federball auf der Unterseite mit einem Buchstaben. Dabei sollten immer zwei Bälle jeweils den gleichen Buchstaben tragen. Halten Sie für jeden Schüler einen Schreibstift bereit oder teilen Sie Ihren Schülern vor dem Umziehen mit, dass sie einen Stift benötigen werden.

Stundenverlauf

Aufwärmphase

ca. 5 Minuten

Jeder Schüler bekommt einen Federball und läuft mit ihm kreuz und quer durch die Halle. Auf Ihr Signal hin suchen sich die Schüler einen Partner und tauschen ihre Federbälle, in dem beide gleichzeitig ihren Ball hochwerfen und den Ball des Partners fangen. Das Aufwärmen können Sie auch mit Musik begleiten. Immer wenn die Musik stoppt, müssen sich die Schüler einen Partner suchen und ihre Federbälle tauschen.
Während des Laufens können Sie ebenfalls bekannte Übungen aus dem „Lauf-ABC" (siehe S. 11, 21) vorgeben (Kniehebelauf, Anfersen, seitliches Überkreuzen, Rückwärtslaufen etc.).
Zum Ende des Aufwärmens schauen die Schüler einmal unter ihre Federbälle. Diejenigen Schüler, die den gleichen Buchstaben haben, stellen in der nun folgenden Arbeitsphase Paare dar.

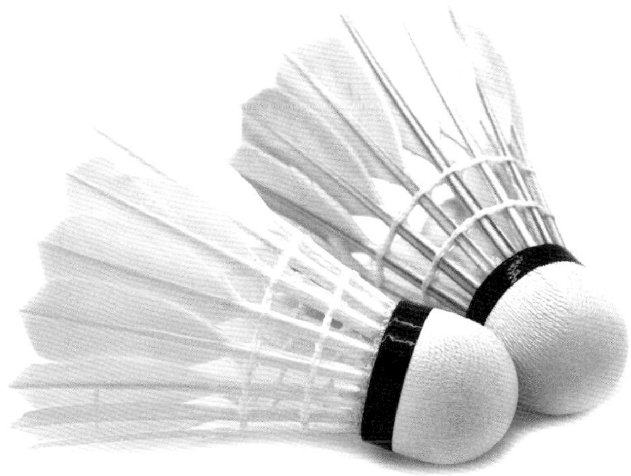

Hauptphase

ca. 25 Minuten

Erklären Sie kurz den Ablauf der folgenden Übung und machen Sie diese eventuell einmal vor. Jeder Schüler bekommt einen Schläger, seinen Ball und das Arbeitsblatt „Badminton – Tricks mit Ball und Schläger" (→ S. 93). Die einzelnen Paare verteilen sich gleichmäßig in der Halle und achten auf genügend Abstand zu den anderen Paaren. Entsprechend den Aufgaben auf dem Arbeitsblatt gehen die Paare die einzelnen Übungen durch. Dabei probiert ein Schüler die erste Aufgabe und sein Partner zählt die Anzahl der Ballkontakte. Der beste von zwei Wertungsversuchen wird gezählt und auf dem Arbeitsblatt notiert. Danach ist derandere Partner dran und probiert ebenfalls in zwei Versuchen, möglichst viele Ballkontakte zu bekommen. Sein Partner zählt die Ballberührungen und schreibt den besten Versuch auf. Dann wird die zweite Übung ausprobiert.
Am Ende werden alle Punkte zusammengezählt.

Tipp

Als Variante lässt sich auch ein Teamwettkampf durchführen. Vor der Aufwärmphase werden Teams erstellt. Zum Ende werden die Punkte der einzelnen Teammitglieder zusammengezählt und mit der Gesamtpunktzahl der anderen Teams verglichen.
Inaktive Schüler können dabei als Punktezähler fungieren.

Präsentationsphase

ca. 5 Minuten

Alle Schüler räumen ihren Ball und ihren Schläger weg. Anschließend kommen alle im Sitzkreis zusammen. Würdigen Sie den besten Schüler und die beste Schülerin mit entsprechend lautem Applaus.

Badminton – Tricks mit Ball und Schläger

Name Partner A: ....

Name Partner B: ....

Aufgaben

- **Lies dir die Übungen in der Tabelle durch und probiere jede zunächst 1- bis 2-mal.**
- **Führe dann pro Übung zwei Versuche durch, die gewertet werden.**
- **Dein Partner zählt jeweils, wie oft du den Ball getroffen hast, bevor er auf den Boden fällt.**
- **Trage dann den besten der beiden Versuche unten in die Tabelle ein.**

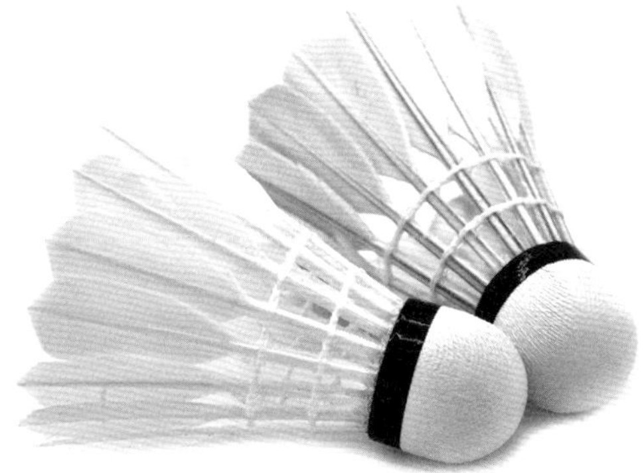

© thawats – Fotolia.com

	Anzahl der Ballberührungen	
Übung	**Partner A**	**Partner B**
Spiele den Ball abwechselnd mit der Vorhand- und Rückhandseite.		
Berühre nach jedem Schlag mit einem Knie den Boden.		
Spiele den Ball immer wieder hoch und laufe dabei eine Strecke.		
Spiele den Ball mit der „falschen" Hand (als Linkshänder mit rechts bzw. als Rechtshänder mit links).		
Spiele den Ball hoch, drehe dich einmal im Kreis und spiele den Ball erneut.		
Gesamtpunktzahl		

Zahlenfußball – zwei Mannschaften und wechselnde Teams

Darum geht's

Eine große Herausforderung für den Sportlehrer ist es, in Spielsportarten faire Mannschaften entstehen zu lassen. In dieser Stunde stellt dies kein Problem dar, denn durch die Spielform entstehen immer wieder schnell wechselnde Teams, die gegeneinander Fußball spielen. Durch die schnellen Wechsel und die damit verbundene Dynamik kommen verschiedene Mannschaften zustande.

Zielkompetenzen

Die Schüler können ...

- in ausgewählten Spielsituationen grundlegende technisch-koordinative Fertigkeiten in Grobform anwenden.

Material	*Anzahl*
Ball (Softball, Fußball, Futsal-Ball)	1
Tore, alternativ Markierungshütchen/ Pylonen	2 bzw. 4
Langbänke	2
Schaumstoffwürfel	2

Vorbereitung

Halten Sie die benötigten Materialien bereit.

Stundenverlauf

Aufwärmspiel: Schattenlaufen

ca. 5 Minuten

Die Schüler finden sich zu Paaren zusammen. Ist die Schülergruppe ungerade, entsteht zusätzlich eine 3er-Gruppe. Die Schüler tauschen sich kurz darüber aus, in welchem Monat sie jeweils Geburtstag haben. Der Partner, der als erster im Jahresverlauf Geburtstag hat, läuft vorneweg; sein Partner läuft hinter ihm her. Der vordere Schüler bestimmt dabei die Richtung, die Geschwindigkeit und die Art der Fortbewegung. Geben Sie nach der Hälfte der Zeit ein Signal zum Wechseln.

Zahlenfußball – Hauptphase

ca. 25 Minuten

Teilen Sie die Klasse derart in zwei Teams auf, sodass die Partner vom Schattenlaufen in die jeweils gegensätzlichen Teams gehen. Team A setzt sich neben die linke Seitenauslinie auf die Bank und Team B entsprechend auf die Bank neben der rechten Seitenauslinie (siehe Skizze S. 95). Achten Sie darauf, dass beide Bänke auf der gleichen Höhe des Spielfeldes stehen, damit alle Schüler den gleichen Weg zu bewältigen haben.
Beide Teams nummerieren sich mündlich, beginnend bei 1, durch, sodass jeder Schüler eine Nummer hat. Spieler 1 sitzt am nächsten zum eigenen Tor, Spieler 2 daneben und so weiter.
Gespielt wird auf zwei Tore, die an der kurzen Hallenwandseite stehen. Der Ball wird in die Mitte gelegt. Rufen Sie eine oder mehrere Zahlen. Dann müssen die Schüler mit den entsprechenden Zahlen auf das Spielfeld rennen, das eigene Tor berühren und dann versuchen, den Ball ins gegnerische Tor zu schießen. Bei: „1, 3, 5!" spielen die Schüler der Mannschaft A gegen die Schüler aus Mannschaft B mit den gleichen Nummern usw.
Es gelten die Fußballregeln. Nach einem Torerfolg setzen sich die Schüler wieder auf ihren Platz, der Ball kommt erneut in die Mitte und Sie rufen andere Zahlen auf.
Mit der Anzahl und Auswahl der Zahlen bestimmen Sie die Spieler und die Teamzusammenstellung. Versuchen Sie, alle Schüler gleich oft drankommen zu lassen.

Variante: Würfelfußball

Beim Würfelfußball sitzen alle Spieler eines Teams auf ihrer Bank neben dem Spielfeld. Mannschaft A auf der linken Seite, Team B auf der rechten. Dabei ist jeweils der Spieler, der am nächsten zum Tor sitzt, Spieler 1 und der dahintersitzende Spieler 2 usw. Die Sitzreihenfolge der Spieler innerhalb einer Mannschaft darf nicht verändert werden. Jedes Team bekommt einen Würfel (siehe Skizze unten rechts). Anders als beim Zahlenfußball bestimmt jetzt nicht der Lehrer die Teamzusammenstellung, sondern der Zufall. Nachdem der Ball in die Mitte gelegt wurde, würfelt jeweils der erste Spieler beider Mannschaften. Die jeweilige Augenzahl bestimmt die Anzahl der spielenden Spieler. Würfelt Mannschaft A eine 3, dann dürfen die ersten drei Spieler von Team A auf das Feld. Mannschaft B würfelt z.B. eine 4, dann dürfen die ersten vier Spieler auf das Feld, um gegen das gegnerische Team zu spielen. Wie beim Zahlenfußball muss erst das eigene Tor berührt werden, erst dann darf man aktiv ins Spiel eingreifen. Nachdem ein Tor geschossen worden ist, setzen sich alle Spieler einer Mannschaft wieder zurück auf ihre Bank und zwar ans Ende der Sitzreihe. Eine neue Runde beginnt: Der Ball wird wieder in die Mitte gelegt und jeweils die ersten Schüler beider Mannschaften würfeln die neuen Teams bzw. die neue Spieleranzahl aus.

Abschlussphase

ca. 5 Minuten

Beide Teams bilden zum Abschluss die „Raupe(n)" durch die Halle Richtung Umkleidekabinen: Alle Schüler eines Teams begeben sich in den Vier-Füßler-Stand und stellen sich hintereinander auf. Der Hintermann fasst jeweils seinem Vordermann an die Fußgelenke. Auf Ihr Kommando krabbelt die Raupe synchron durch die Halle.

Tipps

Der Abstand der Bänke zu ihren Toren sollte gleich groß sein. Kontrollieren Sie diesen immer mal wieder.

Das Spielprinzip können Sie auch bei anderen Mannschaftssportarten einsetzen.

Inaktive Schüler zählen die Tore, sind Schiedsrichter oder dürfen die Zahlen laut rufen.

Je nach Klassenkonstellation ist es ggf. angemessener, zum Abschluss der Unterrichtseinheit die „Raupe(n)" nach Geschlechtern getrennt durch die Halle krabbeln zu lassen.

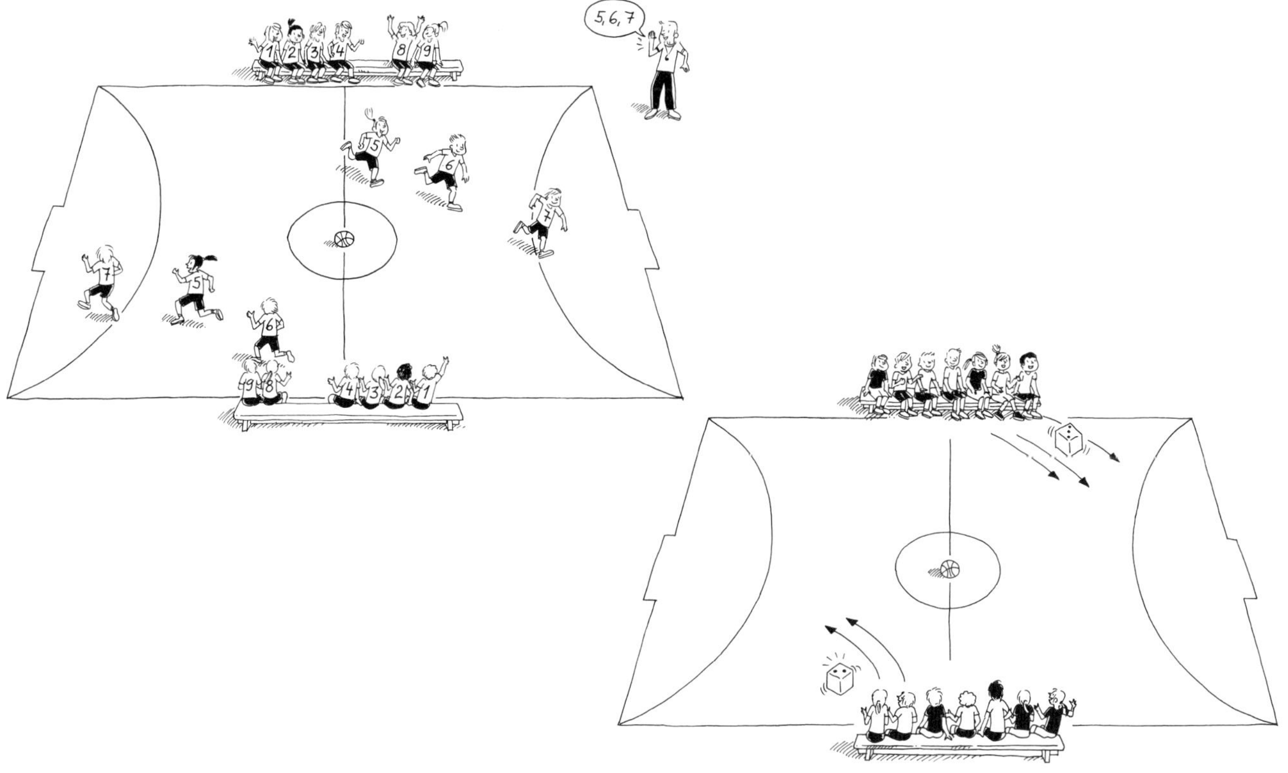

Das Runde muss ins Netz – ein Korbwurfspiel

Darum geht's

Nachdem der Stand- und Sprungwurf in vorangegangenen Stunden erarbeitet worden ist, kann diese Unterrichtseinheit dazu genutzt werden, den Korbwurf in einer Wettkampfsituation anzuwenden. Die Spielsituation ist so aufgebaut, dass auch spielschwächere Teams sich durch kluges, taktisches Verhalten gegen stärkere Teams durchsetzen können.

Zielkompetenzen

Die Schüler können …

- in ausgewählten Spielsituationen grundlegende technisch-koordinative Fertigkeiten in Grobform anwenden.
- sich in Spielsituationen gegenüber Mitspielern und Gegnern fair verhalten und mannschaftsdienlich spielen.
- sich in einfachen Handlungs-/Spielsituationen taktisch angemessen verhalten.
- ein großes Mannschaftsspiel in vereinfachter Form fair mit- und gegeneinander spielen.

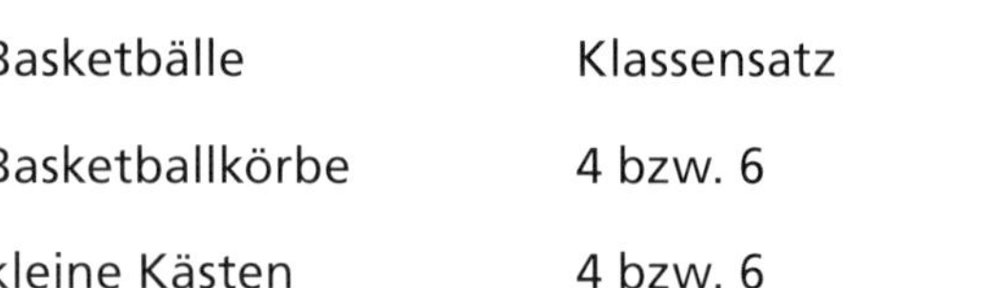

Material	*Anzahl*
Basketbälle	Klassensatz
Basketballkörbe	4 bzw. 6
kleine Kästen	4 bzw. 6

Vorbereitung

Halten Sie die Materialien/Geräte bereit.

Stundenverlauf

Aufwärmspiel: Tigerball

ca. 13 Minuten

Alle dribbeln mit den Bällen kreuz und quer durch das Volleyballfeld. Ein bis drei Schüler sind „Tiger". Die „Tiger" haben keinen Ball und versuchen, den übrigen Mitspielern ihre Bälle wegzuschlagen (ohne Fouls). Verliert ein Schüler seinen Ball, stellt er sich vor einen Basketballkorb und versucht, einen Treffer zu erzielen. Er darf wieder zurück ins Volleyballfeld, wenn es ihm gelungen ist. Passen Sie das Spielfeld der Klassengröße an.

Variation

Jeder Schüler darf jedem Schüler den Ball wegschlagen, muss aber seinen eigenen Ball weiter unter Kontrolle halten.

Bauen Sie ggf. eine kurze Reflexionsphase ein:

- *„Wie habt ihr verhindert, dass euch der Ball weggeschlagen werden konnte?"* (erwartete Schülerantwort: *„Ich habe mich weggedreht."*)

Als Erkenntnis können Sie folgendes Fazit ziehen und demonstrieren: *„Bringe deinen Körper zwischen Ball und Gegner!"*

Hauptphase

ca. 22 Minuten

Spielen Sie in der Hauptphase die folgenden Spiele nacheinander.

1. Line up

Jeder Schüler hat einen Basketball. Die Schüler stellen sich, der Körpergröße nach geordnet, in einer Reihe auf. Eine Linie auf dem Hallenboden kann dabei Orientierung geben. Während der gesamten Aufstellung dribbeln die Schüler ihre Bälle. Ist die Klasse der Meinung, fertig zu sein, hören alle Schüler mit dem Dribbeln auf. Kontrollieren Sie das Ergebnis und würdigen Sie die Klassenleistung. Anschließend teilen Sie die Schüler in 4er- bzw. 6er-Gruppen ein. Dabei hilft die vorherige Aufstellung nach Körpergröße: Immer ein großer Schüler (der erste Schüler von einem Ende der Reihe) und ein kleiner Schüler (vom anderen Ende der Reihe) gehen in ein Team.

2. Spiel die Kiste leer!

Jedes Team bekommt einen kleinen Kasten und einen Basketballkorb zugewiesen. Der Kasten wird in 3–4 m Entfernung zum Korb umgedreht aufgestellt und alle Bälle der Teammitglieder kommen hinein. Die Mannschaften stellen sich hintereinander vor ihrer Kiste auf (siehe Skizze unten). Nach dem Startsignal nimmt sich jeweils der erste Spieler in der Reihe einen Ball und versucht, einen Korb zu erzielen. Trifft er nicht, legt er den Ball wieder in die eigene Kiste und stellt sich hinten an. Trifft er, darf er den Ball in die Kiste eines beliebigen gegnerischen Teams legen. Es gewinnt das Team, welches zuerst keine Bälle mehr hat.
Am Ende der Spiele räumt jeder Schüler seinen Ball wieder eigenständig in den Ballschrank.

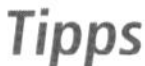

Tipps

Passen Sie die Entfernung zum Korb an die Trefferwahrscheinlichkeit der Schüler an.

Die Anzahl der Bälle bestimmt die Spieldauer. Dauert das Spiel zu lange, entfernen Sie (heimlich) einige Bälle aus jedem Kasten.

Setzen Sie inaktive Schüler als Schiedsrichter ein, die kontrollieren, ob der Ball nach dem Korbwurf auch in die richtige Kiste gelegt wurde.

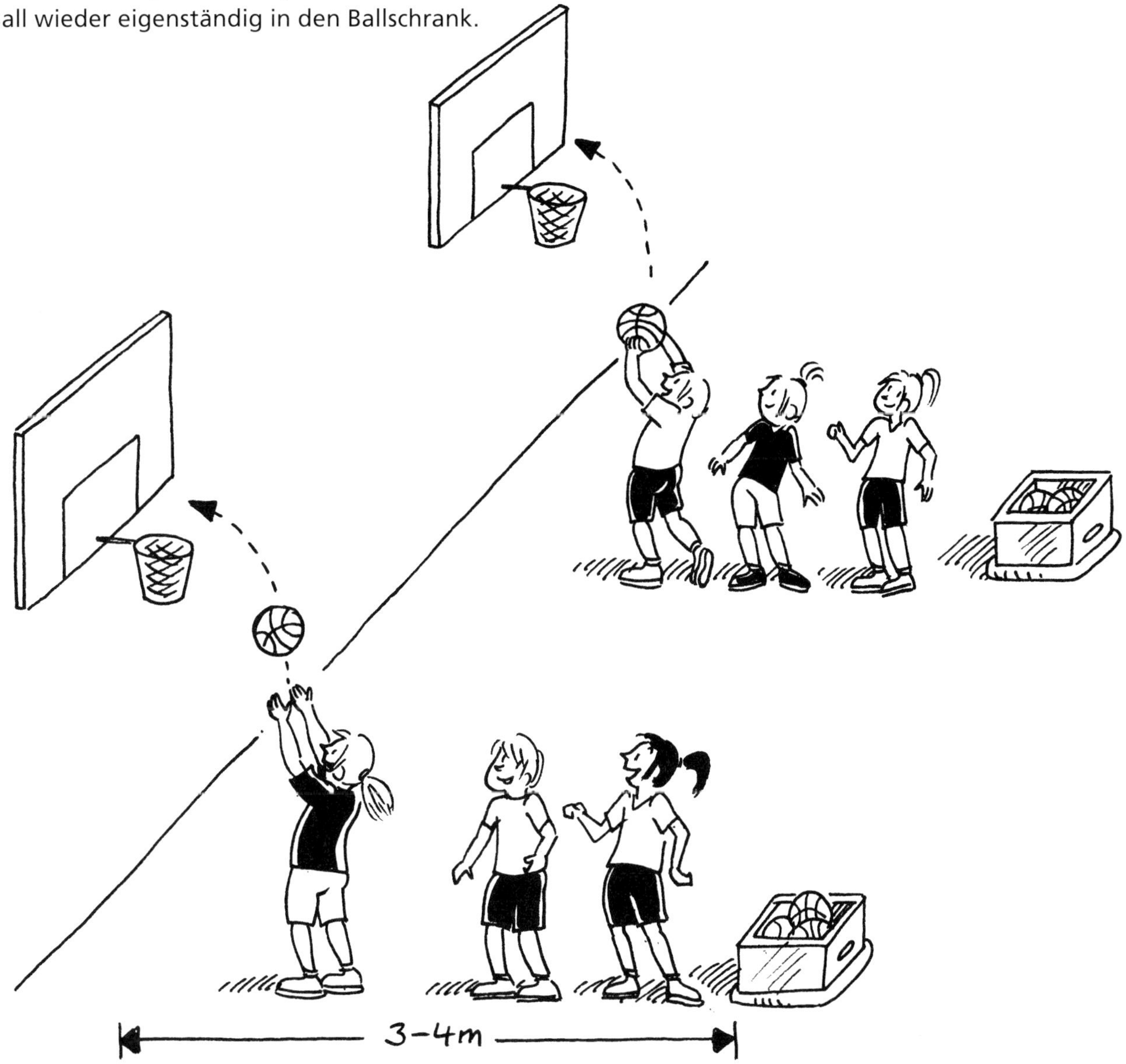

Tore, Tore, Tore – zu zweit durch den Hütchentor-Parcours

Darum geht's

Die Schüler üben spielerisch das Passen und Fangen mit der Hand bzw. das Passen und die Ballan- bzw. -mitnahme mit dem Fuß. Mit einem Pass kann an einem der zahlreichen, in der Halle verteilten (Hütchen-)Tore immer wieder ein Tor erzielt werden. Dabei verspricht der Wettkampfcharakter Motivation und Spaß.

Zielkompetenzen

Die Schüler können …
- grundlegende technisch-koordinative Fertigkeiten anwenden.
- mit dem Partner kooperieren.

Material	*Anzahl*
Fuß- und/oder Handbälle	½ Klassensatz
Markierungshütchen/ Pylonen	30

Vorbereitung

Teilen Sie die Klasse in Paare auf, jedes Paar bekommt einen Ball.

Stundenverlauf

Aufwärmphase

ca. 5 Minuten
Die Schüler bewegen sich zu zweit mit einem Ball frei in der Halle. Dabei sollen sich die Partner ihren Ball zuwerfen, sowohl als Direktwurf als auch als Bodenpass. Alle Schüler achten darauf, dass es zu keinen Kollisionen kommt, weder mit anderen Schülern noch mit anderen Bällen. Währenddessen bauen Sie mit je zwei Markierungshütchen 15 Hütchentore auf, die Sie beliebig in der Sporthalle verteilen.

Hütchentor-Parcours – Übungsphase I

ca. 10 Minuten
Die Partner bewegen sich weiterhin zu zweit mit ihrem Ball durch die Halle. Nun müssen sie jedoch immer wieder die Hütchentore ansteuern und versuchen, Treffer zu erzielen. D. h., ein Partner wirft den Ball mit einem Bodenpass durch das Tor und der andere fängt ihn „hinter" dem Tor wieder auf. Dabei gilt, dass an dem gleichen Tor nicht zwei Treffer hintereinander erzielt werden dürfen. Auf dem Weg zum nächsten Tor muss der Ball entweder nach jedem zweiten Schritt gepasst oder während des Laufens geprellt werden.

Hütchentor-Parcours – Wettkampfphase I

ca. 5 Minuten
Die Paare sollen nun innerhalb von 2 Minuten so viele Tore wie möglich erzielen. Das Spiel startet und endet auf ein Signal hin, beim Start kann sich jedes Paar an einem Tor platzieren. Jedes Paar zählt die Tore laut mit, zusätzlich können inaktive Schüler die ihnen zugewiesenen Paare kontrollieren. Nachdem jedes Paar sein Ergebnis genannt hat, startet ein zweiter Durchgang mit dem Ziel, mindestens ein Tor mehr zu erzielen als im ersten Durchgang.

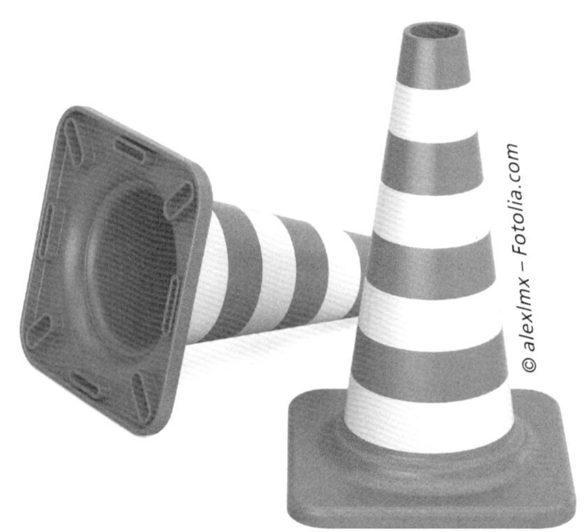

Hütchentor-Parcours – Übungsphase II und Wettkampfphase II

ca. 10 Minuten

Die Paare können neu zusammengestellt werden oder in die alten Paarungen zurückgehen. Der Aufbau und der Ablauf bleiben wie in Übungsphase I bestehen, nur wird der Ball nun nicht mehr geworfen, sondern mit dem Fuß gepasst und angenommen. Ein Wechsel von Handball zu Fußball bietet sich also an, die Erfahrung hat jedoch gezeigt, dass die gesamte Stunde auch mit Fuß- oder Handbällen durchgeführt werden kann. Nach der Umgewöhnung in der Übungsphase wird auch mit dem Fuß ein Wettkampf nach den gleichen Regeln wie in Wettkampfphase I durchgeführt (ein Tor wird durch Annahme eines Flachpasses erzielt).

Je nach Zeitbedarf können Sie mehrere Wettkämpfe durchführen. Um diese nicht langweilig werden zu lassen, können neue Paare gebildet werden (z. B. können die zwei leistungsstärksten des ersten Durchgangs mit den zwei leistungsschwächsten neue Paare bilden usw.).

Reflexionsphase

ca. 5 Minuten

Führen Sie mit den Schülern eine kurze Reflexion durch:

- *„Welche Fähigkeiten habt ihr heute trainiert?"*
- *„Warum haben wir zuerst mit der Hand und dann mit dem Fuß gespielt und nicht umgekehrt?"*

Tipp

Eine weitere Variante besteht darin, Tore nur durch Doppelpass zu erzielen. Diese Variante bietet sich vor allem bei leistungsstarken Klassen an.

Tischtennisrundlauf – das Mannschaftsspiel

Darum geht's

Tischtennisrundlauf kennt jeder – aber als Mannschaftsspiel? Durch einfache Regelerweiterungen bekommt der Klassiker ein neues Gesicht – und schafft neue Motivation auch für schwächere Schüler.

Zielkompetenzen

Die Schüler können …

- grundlegende Spielregeln anwenden.
- die grundlegenden technisch-koordinativen Fertigkeiten eines Rückschlagspiels (hier: Tischtennis) anwenden.

Material	*Anzahl*
Tischtennistische	4–5
Tischtennisschläger + Tischtennisbälle	Klassensatz
Parteibänder/Leibchen in versch. Farben	pro Farbe 4 (insgesamt 16–20)

Vorbereitung

Bauen Sie je nach Klassengröße vier oder fünf Tischtennistische so auf, dass zwischen den Platten genug Platz zum Herumlaufen ist. Legen Sie an einer Seite jedes Tisches jeweils vier Parteibänder bereit. Jeder Schüler bekommt zunächst einen Tischtennisschläger und einen Ball.

Stundenverlauf

Aufwärmphase

ca. 10 Minuten

Die Schüler verteilen sich in der Halle und bekommen veschiedene Aufgaben gestellt:

- Halte den Ball mit einer Seite des Schlägers oben.
- Halte den Ball oben, wechsle nach jeder Berührung die Schlägerseite.
- Lege den Ball auf den Schläger und laufe einmal um die Halle.
- Laufe einmal um die Halle und halte den Ball dabei oben.

Tischtennisrundlauf – Übungsphase

ca. 5 Minuten

Teilen Sie die Klasse in 4er-Teams ein. Erklären Sie den Mannschaftsrundlauf: Dieser funktioniert wie ein „normaler" Rundlauf. (Nach dem Aufschlag muss der Ball im Spiel gehalten werden und wird hin und her gespielt, wobei die Spieler hintereinander an der Reihe sind.) Wer einen Fehler macht (den Ball verfehlt etc.), verlässt das Spiel. Wenn aus einem Team alle Spieler ausscheiden, gewinnt das andere Team diesen Durchgang. Wenn schließlich aus jedem Team jeweils ein Spieler übrig bleibt, spielen diese Spieler ein „Endspiel" auf (oder bis) drei Gewinnpunkte. Die Mannschaft, die zuerst zwei Durchgänge gewonnen hat, gewinnt das Spiel. Lassen Sie anschließend an jedem Tisch einen Testdurchlauf spielen. Sollten noch Regelfragen auftreten, können diese im Anschluss geklärt werden.

Tischtennisrundlauf – Wettkampfphase

ca. 15 Minuten

Losen Sie neue Paarungen aus. Der Wettkampf beginnt. In drei Runden werden die Plätze 1 bis 8 an den Tischen ausgespielt (K.-O.-System).

Abbau

ca. 5 Minuten

Lassen Sie die Tische gemeinsam abbauen.

Tipps

Die inaktiven Schüler können als Schiedsrichter eingesetzt werden.

Die Spielform eignet sich auch für weitere (Rückschlag-)Spiele, z. B. Badminton oder Volleyball.

Matschball – aus den Ecken, fertig, los!

Darum geht's

In dieser Mischung aus Handball und Fußball sind alle aktiv – nur nicht alle gleichzeitig. Je zwei Teams warten in „ihren" Ecken, während die anderen versuchen, mit dem matschigen Ball Tore zu erzielen.

Zielkompetenzen

Die Schüler können …

- in einer neuen Spielsituation technisch und taktisch situationsgerecht handeln.
- im Team kooperieren.

Material	Anzahl
Matschball (z. B. kaputter Fuß- oder Volleyball mit wenig Luft)	1
Gymnastikball	1
Langbänke	4
Parteibänder/Leibchen in 2 Farben	je ½ Klassensatz
Kastenteile als Tore	4

Vorbereitung

Legen Sie die Bänke mit der Sitzfläche nach vorn diagonal in die Ecken der Halle (siehe Skizze unten) und platzieren Sie je zwei Kastenteile an die Stirnwände der Halle mit ca. 2 m Abstand zur Wand. Die Klasse wird in zwei gleich große Teams eingeteilt, die mit Parteibändern kenntlich gemacht werden.

Stundenverlauf

Aufwärmspiel: Schuhhockey

ca. 10 Minuten

Zur Einstimmung wird Schuhhockey gespielt. Dazu zieht jeder Schüler einen Schuh aus, den er in die Hand nimmt und als Schläger verwendet. Der Gymnastikball soll möglichst am Boden bleiben und darf nur mit dem „Schläger" gespielt werden. Jedes Team spielt auf je zwei Bänke und zwei Kastenoberteile und muss je zwei Bänke und Kastenoberteile verteidigen. Ein Treffer gegen die Langbank zählt 1 Punkt, ein Treffer durch eines der Kastenoberteile hindurch 3 Punkte.

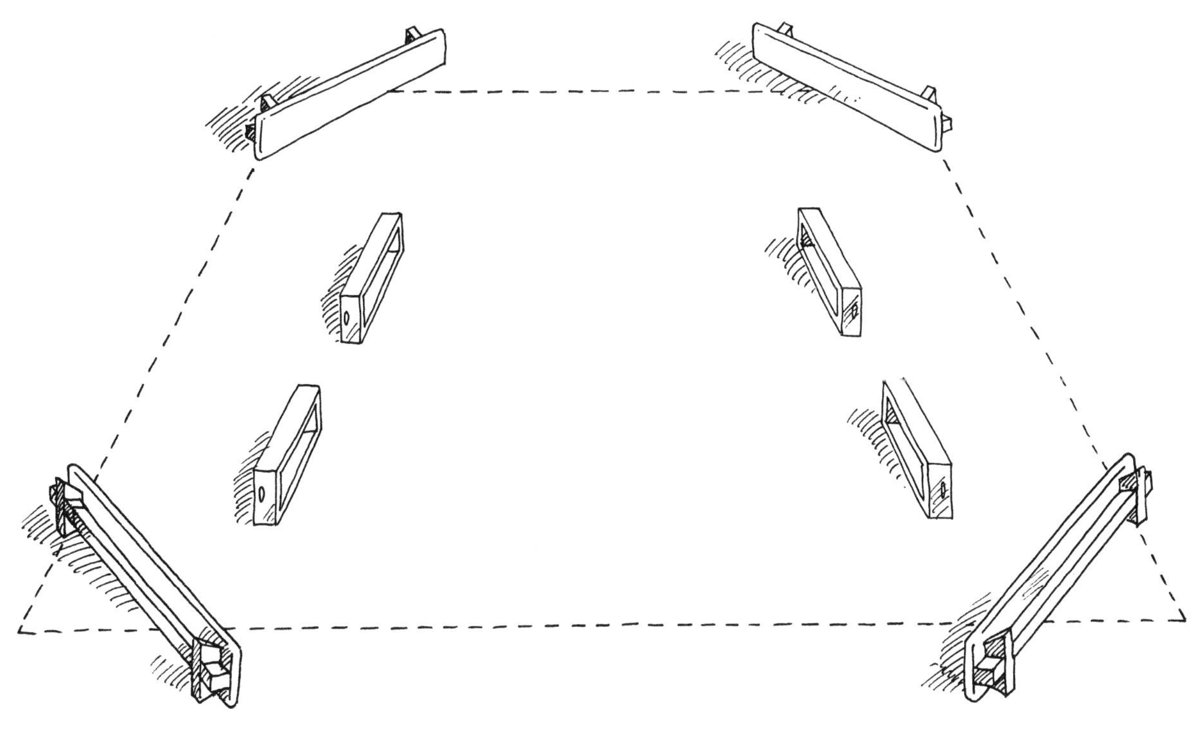

Matschball – Spielphase

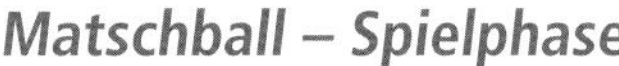

ca. 20 Minuten

Teilen Sie die beiden Teams nochmals in je zwei ungefähr gleich große Gruppen. Jede Gruppe geht bei Spielstart hinter eine der Bänke in eine Ecke, wobei die beiden Gruppen eines Teams jeweils benachbarte Ecken besetzen. Gespielt wird auf die Kastentore ohne festen Torwart, jedoch muss ein Team jeweils zwei Tore verteidigen und auf zwei Tore spielen (siehe Skizze unten). Bestimmen Sie zwei Gruppen, die das Spiel beginnen und gegeneinander spielen. Nach einem erzielten Tor oder auf ein vorher vereinbartes Signal hin wechseln die Gruppen, das Spiel läuft jedoch weiter. Bei den Wechseln ist wichtig, dass die andere Gruppe eines Teams erst auf das Feld darf, wenn der letzte Spieler der zuvor aktiven eigenen Gruppe hinter der Bank in seiner Ecke steht.
Der Ball darf geschossen, gedribbelt und geworfen, aber nicht mit der Hand vom Boden aufgehoben werden. Tore werden durch Werfen oder Rollen mit der Hand durch das Kastenteil erzielt (nicht durch Schießen mit dem Fuß!).

Reflexionsphase

ca. 5 Minuten

Das Siegerteam wird angemessen gewürdigt. Die Schüler reflektieren über die geforderten Kompetenzen bei diesem Spiel. Folgende Impulsfragen können Sie für die Reflexion nutzen:

- *„Wie klappen die Wechsel am besten?"*
- *„Was ist effektiver: den Ball mit dem Fuß oder mit der Hand zu passen?"*

Tipps

Die Gruppen können alternativ „bunt" gemischt werden, d. h., alle Gruppen spielen gegeneinander.

Die Tore können auch nicht nur an der Stirnseite der Halle, sondern an allen vier Seiten der Halle aufgestellt werden. Dabei spielt wieder entweder jedes Team auf zwei vorher festgelegte Tore oder jedes Team kann an allen vier Toren Punkte erzielen.

Die Organisationsform „aus den Ecken" kann auch bei anderen Sportarten, wie z. B. Fußball oder Basketball, sehr gut eingesetzt werden.

Medientipps

Bücher

Kröger, Ch.; Roth, K.; Haag, H. (Hrsg.); Memmert, D.; Schubert, R. (Autoren):
Ballschule Wurfspiele.
Praxisideen – Schriftenreihe für Bewegung, Spiel und Sport, Band 21
Hofmann, 2013.
ISBN 978-3-7780-0212-4

Mertens, M.:
Ballfertigkeiten trainieren.
222 Spiel- und Übungsformen.
Verlag an der Ruhr, 2007.
ISBN 978-3-8346-0334-0

Reinschmidt, C.; Reinschmidt, V.:
Trendsport in der Schule – mehr als nur Klettern!
25 Anleitungen von Discgolf bis Slacklining.
Verlag an der Ruhr, 2012.
ISBN 978-3-8346-0989-2

Reinschmidt, C.; Reinschmidt, V.:
Alle(s) in Bewegung.
Spiel- und Sportangebote für die Ganztagsschule.
Verlag an der Ruhr, 2010.
ISBN 978-3-8346-0757-7

Zeitschriften und Artikel

Schöllhorn, W. J.:
Individualität – ein vernachlässigter Parameter?
in: Leistungssport, Ausgabe 29, Heft 2
Philippka-Sportverlag, 1999.

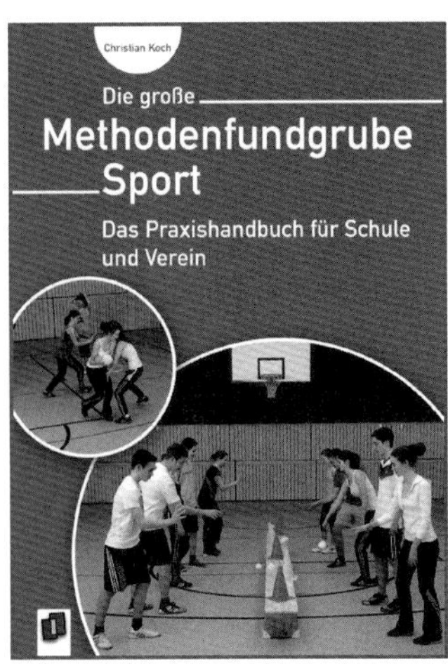

Die große Methodenfundgrube Sport

Das Praxishandbuch für Schule und Verein

Klasse 5–13, 312 S., A4, Paperback, vierfarbig
Best.-Nr. 978-3-8346-2779-7

- Die ultimative Fundgrube für einen abwechslungsreichen Sportunterricht
- Motivierende Spiele für alle wichtigen Bewegungsbereiche
- Kurze, klare Anleitungen und anschauliche Bilder

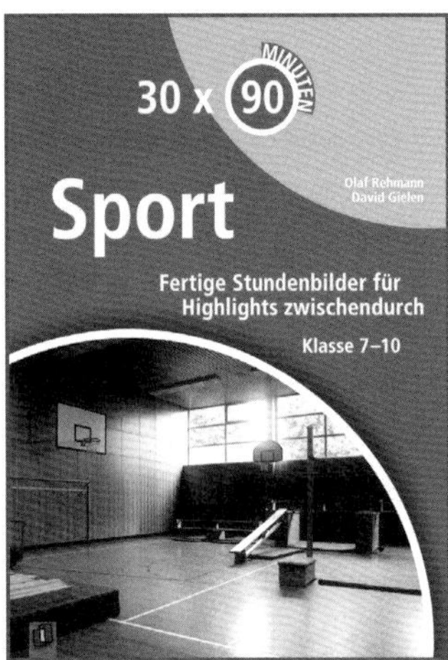

30 x 90 Minuten

Sport

Fertige Stundenbilder für Highlights zwischendurch. Klasse 7–10

Klasse 7–10, 104 S., A4, Paperback
Best.-Nr. 978-3-8346-2528-1

- Fertig ausgearbeitete Stundenbilder für außergewöhnliche Unterrichtseinheiten sorgen für Highlights im Sportunterricht
- Originelle Ideen zu verschiedensten Lehrplanthemen abseits des üblichen Trotts steigern die Schülermotivation

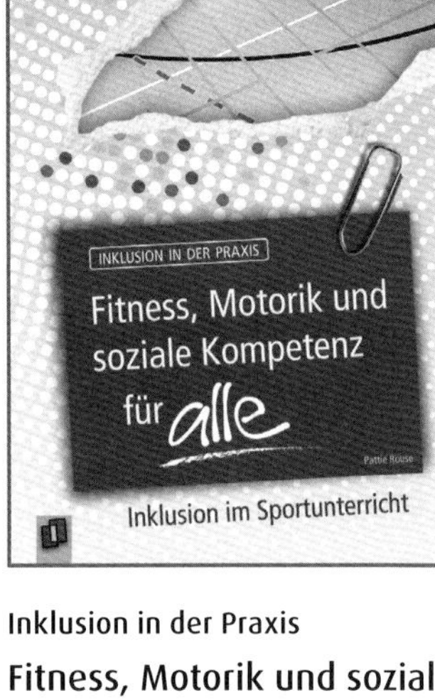

Inklusion in der Praxis

Fitness, Motorik und soziale Kompetenz für ALLE

Inklusion im Sportunterricht

Klasse 1–13, 183 S., 16 x 23 cm, Paperback
Best.-Nr. 978-3-8346-2265-5

- Schnelle und kompakte Antworten auf drängende Fragen
- Jeden Schüler optimal fördern
- Mit Tipps, Übungen und Spielvarianten

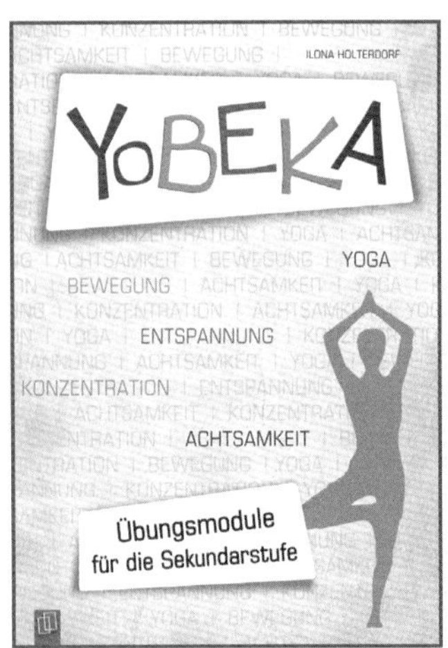

YoBEKA – Yoga, Bewegung, Entspannung, Konzentration, Achtsamkeit

Übungsmodule für die Sekundarstufe

Klasse 5–13, 144 S., A4, Paperback
Best.-Nr. 978-3-8346-2530-4

- YoBEKA – ein praxiserprobtes Programm mit Elementen aus dem Yoga und angrenzenden Disziplinen
- Mit Übungen zu Bewegung, Entspannung, Konzentration und Achtsamkeit für die Schule

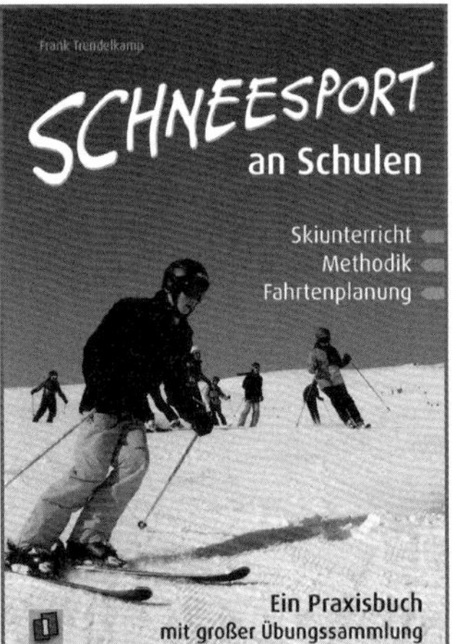

Schneesport an Schulen

Skiunterricht, Methodik und Fahrtenplanung. Ein Praxisbuch mit großer Übungssammlung

Klasse 7–13, 232 S., 17 x 24 cm, Paperback, vierfarbig
Best.-Nr. 978-3-8346-3076-6

- Skimethodik speziell für Schul-Skifreizeiten
- Skifahren-Lernen innerhalb kürzester Zeit
- Organisation, Vorbereitung und Durchführung
- Von Experten konzipiert und in der Praxis bewährt

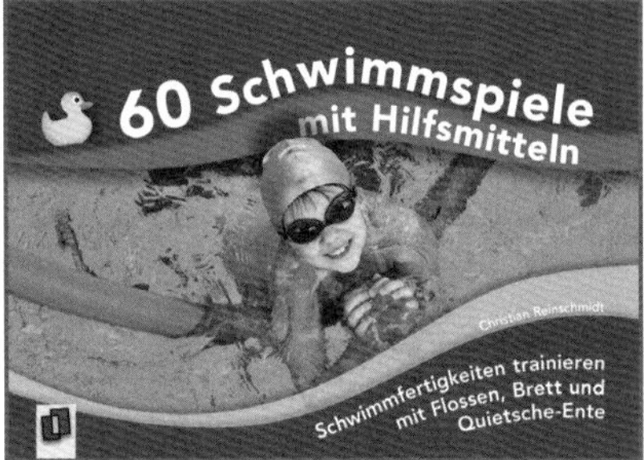

60 Schwimmspiele mit Hilfsmitteln

Schwimmfertigkeiten trainieren mit Flossen, Brett und Quietsche-Ente

6–16 Jahre, 62 Kartei-Karten A5, zweifarbig, mit 32-seitiger Broschur in PP-Box
Best.-Nr. 978-3-8346-2408-6

- Schwimmfertigkeiten trainieren mit Schwimmspielen – für Schwimmanfänger bis hin zu Schwimmprofis
- Neue Spielideen mit Hilfsmitteln für abwechslungsreiche Schwimmstunden